ATAMA GA YOKUNARU SEIRIJUTSU
All rights reserved
Copyright ⓒ 2015 Mami Onori
Original Japanese edition published by SHUFU TO SEIKATSUSHA
Korean translation rights arranged with SHUFU TO SEIKATSUSHA
through Timo Associates Inc., Japan and PLS Agency, Korea
Korean edition published in 2017 by Aboutabook

아이를 변화시키는 1% 습관 혁명 **오오노리 마미** 지음 | **윤지희** 옮김

머리가 좋아지는 정리정돈법

頭がよくなる整理術

어바웃어북

'정리'라는 도미노 끝에는 '살아가는 힘'이 있다!

제 직업은 정리 컨설턴트입니다. 이렇게 소개하면 열에 아홉은 "하시는 일이 구체적으로 어떤 건가요?"라고 되묻습니다. 종종 가사도우미로 오해하시는 분도 계십니다. 정리 컨설턴트는 정리와 수납에 관해 강연과 집필 등을 통해 교육하는 일을 합니다. 또 기업에 맞는 정리정돈 매뉴얼을 제안하기도 하고, 정리정돈 때문에 불편을 겪고 있는 가정에 직접 방문해 정리를 도와주면서 의뢰인 스스로 정리할 수 있는 시스템을 정립해 드리기도 합니다.

제가 하는 일을 설명해 드리면 이렇게 말씀하시는 분들이 계십니다. "세상에 별 직업이 다 있네요." 이런 반응을 보이시는 분들의 생각 저변에는 '정리정돈'이 대수롭지 않은 일이라는 인식이 자리합니다. 과연 정리정돈은 하찮은 일일까요?

정리정돈은 모든 사람이 평생 해나가야 할 일이지만, 잘하는 사람보다는 곤란을 겪는 사람이 훨씬 많습니다. 배우지 않아도 때가 되면 다 할 수 있는 단순한 작업이 아니라, 뇌의 전두엽이 관장하는 고도의 인지력을 요구하는 작업입니다. 학업 성취도가 높을수록 전두엽 기능이 잘 발달해 있다는 것은 널리 알려진 사실입니다.

정리는 물건을 제자리에 두고 주변을 깨끗하게 치우는 데 그치지 않습니다. 사물을 분류하고 행동의 절차를 수립하고 이를 단계적으로 실행할 수 있는 능력이 정리입니다. 내가 머무는 공간과 주변 사물뿐만 아니라 마음과 생각, 시간, 말, 지식도 정리정돈의 대상입니다.

공부는 지식을 체계화하고 조직적으로 수용하는 과정입니다. 자기 주변을 정리정돈하는 과정은 두뇌에 지식을 정리해 저장하는 과정과 일맥상통합니다. 정보를 잘 분류하고 저장하면 담을 수 있는 정보의 양이 늘어날 뿐만 아니라, 머릿속에 저장된 정보를 다시 꺼내는(기억하는) 데 걸리는 시간도 줄일 수 있습니다. 사용한 물건을 제자리에 두고, 물건을 어디에 두면 더 효율적일지 고민해보고, 필요한 물건과 필요 없어진 물건을 분류하는 등 정리정돈이 습관이 되면 사고뿐 아니라 행동을 체계화시키는 데도 도움이 됩니다.

성적에 지능이 미치는 영향은 15~22퍼센트에 불과하다고 합니다. 미국 하버드대학교의 린 멜츠 박사는 공부를 잘하는데 필요한 두뇌 기능으로 여섯 가지를 꼽았습니다. 계획하기, 조직화하기, 우선순위 정하기, 유연하게 생각 전환하기, 점검하기, 기억하기입니다. 이 여섯 가지 기능을 '전두엽의 실행기능'이라고 하는데, 지능보다 전두엽의 실행기능이 성적에 더 큰 영향을 미친다고 합니다. 전두엽의 실행기능은 정리정돈 습관으로 발달시킬 수 있습니다.

정리에는 무한하게 줄지어 있는 도미노의 맨 처음 블록과 같은 속성이 있습니다. 아주 작은 용기를 내서 첫 번째 블록을 넘어뜨리면 생각하지 못했던 행운이 연쇄적으로 나타납니다. 정리 컨설턴트로 활동하며 어른이든 아이든 정리를 계기로 인생이 멋지게 변화한 사례를 정말 많이 봤습니다.

쾌적함을 느끼고, 정서적 안정을 얻고, 논리력과 조직화 능력을 기르고, 집중력을 높이는 등 정리정돈의 효과는 수없이 많습니다. 이 모든 것이 훌륭한 성과임은 틀림없지만, 정리정돈의 진면목은 훨씬 더 심오하다고 생각합니다. 자존감, 성취감, 자기결정력, 계획성, 실천력 등 아이의 미래에 반드시 도움이 될 만한 '살아가는 힘'이 정리의 도미노 끝에서 우리를 기다리고 있습니다.

오오노리 마미

CHAPTER 2

물건이 자꾸 늘어나는 악순환에서 빠져나오기

CHAPTER
3

머리가 좋아지는 정리정돈법

언젠가는 홀로 설 아이를 위한 정리정돈법

CHAPTER 5

아이에게 삶의 지혜를 선물하는 정리정돈법

집은 '언젠가는 쓰일' 물건들로
가득 찬 요지부동의 창고가 아니다.
집은 휴식의 장소, 영감의 원천,
치유의 영역이 되어야 한다.

－도미니크 로로－

CHAPTER
1

정리는 인생의 무질서를
바로잡는 과정

아이의 책상이
아이의 머릿속 상태다!

자기 주변을 정리정돈하는 과정은 두뇌에 지식을 정리정돈해 넣는 과정과 일맥상통합니다. 어렸을 때부터 간단한 정리정돈 비결을 배워 놓으면 내가 머무는 공간과 물건뿐만 아니라 생각을 논리적으로 정리하는 힘이 생기게 됩니다.

지금 아이 방은 어떤 모습인가요?

여러분 가정에는 아이 방이 있나요? 잠시 문을 열고 방과 책상 상태를 살펴보세요. 아이 방이 따로 없다면 아이가 주로 공부하는 장소를 보세요.

책상 위에는 교과서와 프린트물이 어지럽게 쌓여 있고, 필기도구들이 여기저기 굴러다닙니다. 그 사이에 사탕 껍질과 작은 공룡 모형 같은 것도 보이네요. 책상 서랍을 열어보니 자나 색연필 같은 학용품과 카드 장난감, 동전 같은 게 마구 섞여 있습니다.

책장에는 책이 들쑥날쑥 꽂혀있고 장난감이나 다른 학용품에 가려져 책 제목을 읽기 어렵습니다. 외투와 가방은 침대 위에 훌쩍 던져놨네요. "아야!" 방바닥에 굴러다니던 블록 조각을 밟았습니다. 당장에라도 아이를 소환해 꾸짖고 싶은 마음이 굴뚝 같습니다.

정리 컨설턴트로 활동하며 많은 가정을 방문했습니다. 의뢰인의 집안 여기저기를 둘러보다, 제가 일면식도 없는 그 집 아이의 상태를 정확하게 짚어내면 부모님들은 깜짝 놀라십니다.

"아이가 공부할 때 집중하지 못하고 자꾸 딴짓하지 않나요?" "아이가 아침에 학교 가기 전에 꾸물거리다 늦기 일쑤죠?" "아이가 시험을 보면 꼭 실수로 아는 문제를 몇 개씩 틀리지 않나요?" "아이가 학원에 다니지 않아도 공부를 잘해서 뿌듯하시겠어요?"

저는 아이 방과 책상만 봐도 꽤 정확하고 구체적으로 아이 모습을

그려낼 수 있습니다. 물건을 통해 주인의 성격이나 운명 따위를 알아맞히는 신묘한 능력 같은 건 결코 없습니다. 다만, 오랜 경험을 통해 터득한 노하우 같은 것입니다. 아이의 방과 책상은 현재 아이의 머릿속 상태를 말해줍니다. 책상 위에 공부와 관련 없는 장난감이나 장식품 등이 어지럽게 놓여 있다면 아이는 공부하다 자주 딴생각에 빠질 것입니다. 학용품이 중구난방 흩어져 있다면 분명 아이는 아침마다 준비물 챙기느라 동분서주하게 되겠지요.

정리정돈은 인생의 무질서를 바로잡는 과정

'정리'는 자신이 정한 기준에 따라 필요한 것과 필요 없는 것을 분류해 처리하는 일입니다. '정돈'은 어지럽게 흩어진 물건을 사용하기 편하도록 위치를 잡아두는 일입니다. 정리정돈은 생활 공간이나 물건에 국한된 행위가 아닙니다. 내가 머무는 공간과 자신의 물건,

나아가 마음과 생각, 시간, 말, 지식에도 정리정돈이 필요합니다.

정리정돈은 공부와 어떤 관계가 있을까요? 공부는 지식을 체계화하고 조직적으로 수용하는 과정입니다. 자기 주변을 정리정돈하는 과정은 두뇌에 지식을 정리해 저장하는 과정과 일맥상통합니다. 상자에 물건을 아무렇게나 쑤셔 넣으면 조금밖에 넣을 수 없고, 나중에 물건을 꺼낼 때도 불편하고 찾는 데 시간이 오래 걸릴 수밖에 없습니다. 우리 뇌도 상자와 같습니다. 정보를 잘 분류하고 정리해서 저장하면 담을 수 있는 정보의 양이 늘어날 뿐만 아니라, 머릿속에 저장된 정보를 다시 꺼내는(기억하는) 데 걸리는 시간도 줄일 수 있습니다.

정리정돈을 하려면 학용품, 장난감, 책, 의류 또는 더 세분화해서 필기도구, 노트류, 화구(畵具)처럼 비슷한 사물끼리 분류해야만 합니다. 분류는 사물이 가진 여러 가지 속성 중에서 공통된 속성을 기준으로 사물을 가르고 모으는 일입니다. 고도의 인지능력을 요구하는 작업이

지요. 주변 사물을 분류하는 과정을 통해 아이는 정보가 넘쳐나는 현대사회에서 필수불가결한 인지능력인 논리력과 정보 조직화 능력의 토대를 마련하게 됩니다.

정리정돈이 아이에게는 선택 훈련이다!

정리의 대상을 크게 나누어보면 물건, 시간, 머릿속(마음) 이렇게 세 가지입니다. 이 세 가지를 정리하는 데는 다음과 같은 공통적인 프로세스를 거칩니다.

| 정리정돈 프로세스 |

① 지금 자신에게 필요한 것을 선택하고 파악한다.

② 선택한 것의 우선순위를 정한다.

③ 선택한 것을 사용하기 쉽도록 분류하고 배치한다.

컨설팅하다 보면 종종 정리정돈을 하찮고 사소한 일이라고 생각하는 부모님을 만납니다. 정리정돈은 특별히 알려주지 않아도 때가 되면 다 할 수 있는 일이라고 생각하는 분도 계십니다. 이런 부모님들은 공부와 이런저런 활동으로 바쁜 아이에게 정리정돈까지 하라고 하면 스트레스를 받지 않을까 걱정하십니다.

요즘 우리 사회는 '정보의 홍수'라는 말을 실감할 정도로 정보가 폭포처럼 쏟아집니다. 쏟아지는 수많은 정보는 필요한 것을 선별하고 재해석해야 비로소 '의미'가 생깁니다. 이러한 과정 역시 정리정돈의 한 범주입니다.

인생은 선택의 연속입니다. 무수한 선택의 결과가 모여 지금의 인생이 있는 것입니다. 부모가 언제까지나 따라다니며 아이 대신 선택해줄 수는 없습니다. 아이 스스로 자신과 관계된 것들을 정리하고 중요한 것을 선택할 수 있게 되어야 온전히 홀로 설 수 있게 됩니다.

사용한 물건을 제자리에 두고, 물건을 어디에 두면 더 효율적일지 고민해보고, 필요한 물건과 필요 없어진 물건을 분류하는 등 자신을 둘러싼 공간과 사물을 정리하면서 터득한 방법을 차츰 시간, 돈, 관계, 지식의 정리정돈으로 확장할 수 있습니다.

정리정돈은 모든 사람이 평생 해나가야 합니다. 그것을 피해갈 수 있는 사람은 없습니다. 어렸을 때부터 간단한 정리정돈 방법을 배워놓으면 주변 정리정돈에 도움이 되는 것은 물론, 생각을 논리적으로 정리하는 힘이 생기게 됩니다. 나아가 아이는 정리정돈을 통해 미래에 자립하는 데 자양분이 될 자존감, 성취감, 자기결정력, 계획성, 실천력 등을 쌓게 될 것입니다.

002

공간은
비슷한 에너지를
끌어당기고 증폭시킨다!

공간에는 힘이 있어서 비슷한 에너지를 끌어당기고 증폭
시킵니다. 깔끔하게 정리된 조용한 공간 안에 있으면 생각
과 마음이 저절로 차분하게 정리됩니다. 반대로 어지럽혀
진 공간 안에 있으면 산만하고, 게을러지고, 신경질적이기
쉽습니다.

깨끗한 방이 아이 마음에 미치는 영향

방이 정돈되면 어떤 장점이 있을까요? 크게 세 가지 효과가 있습니다.

첫째, 시간 절약

둘째, 돈 절약

셋째, 심리적 안정과 집중력 향상

방을 잘 정리정돈하면 물건을 어디에 두었는지 몰라서 찾는 데 걸리는 시간을 절약할 수 있습니다. 물건이 제자리에 없으면 온 집안을 뒤지다 결국 찾기를 포기하고 새로 사는 상황이 벌어집니다. 어느 순간 같은 물건을 여러 개 가지고 있는 걸 알게 되면 '상해서 버리는 물건도 아니고 두었다가 쓰지'와 같은 생각으로 자신의 행동을 합리화하기도 합니다. 하지만 있었는지조차 까맣게 잊고 있던 물건이 쓰일

확률은 매우 낮습니다. 정리정돈을 못해서 새는 시간과 돈은 '언제나 같은 곳에 물건 두기(=물건의 위치를 정한다)'로 해결할 수 있습니다.

정리의 효과 중 아이에게 미치는 영향이 가장 크다고 생각되는 것이 바로 세 번째 정서적 효과입니다.

만약 아이의 책상 위에 교과서나 프린트물이 탑처럼 쌓여 있고, 바닥에는 장난감이나 과자 봉지 같은 게 널브러져 있는 참담한 상황이라면 어떨까요? 공부를 시작하려면 우선 필요한 교과서나 도구를 찾아야겠지요. 그런데 물건을 찾는 등 다른 일에 힘을 쏟다 보면 공부하고 싶던 열의가 확 떨어지게 됩니다.

반대로 정돈되어 있어서 어디에 무엇이 있는지 금세 알 수 있는 일목요연한 방이라면 공부에 바로 몰입할 수 있습니다.

뇌과학자들의 연구에 따르면 인간의 뇌는 한 번에 하나씩 일을 처리하는 모노태스킹에 적합하다고 합니다. 그런데 뇌는 새로운 것에 쉽게 반응합니다. 새로운 것을 접했을 때 '쾌락 호르몬'이라고 부르는 신경전달물질인 '도파민'의 분비가 활발해지기 때문입니다. 일하거나 공부하다가 자꾸 딴짓하는 건 어찌 보면 당연한 현상입니다. 이 일에서 저 일로 옮길 때는 주의력과 집중력이 필요하고, 이는 뇌를 피로하게 만듭니다.

아이들은 스펀지 같아서 어른보다 주변 사물과 상황에 더 쉽게 영향을 받습니다. 호기심 많고 에너지 넘치는 아이는 공부보다 재미있고 하고 싶은 많은 일을 포기하고 책상에 앉았을 것입니다. 아이의 의지는 수납함을 이탈해 책상 위를 굴러다니는 작은 블록 조각 하나에도 쉽게 무너질 수 있습니다. 정리정돈은 아이가 하고자 하는 것에 바로 집중할 수 있고, 뇌가 쓸모없는 일에 에너지를 낭비하지 않는 환경을 만들어주는 일입니다.

| 깨끗한 방의 장점 |

▷ 깨끗한 방에서 아이는 심리적으로 안정감을 느끼고 집중력이 향상됩니다.

비단, 공부뿐만이 아닙니다. 깨끗한 방은 조용히 책을 읽거나 생각에 잠길 시간을 선물합니다.

▷ 정리를 통해 아이는 주체적으로 살아가는 지혜를 배웁니다.

자신이 머무는 공간을 쾌적하게 정리하면서 아이는 은연중에 미래에 독립했을 때 자신을 둘러싼 공간, 상황, 사람 등을 정리하는 지혜를 배웁니다.

▷ 아이 스스로 정리하면서 자립심과 자신감을 키웁니다.

아이는 자기만의 공간을 갖고 유지함으로써 자립심이 생기고, 공간을 자신의 의도대로 통제함으로써 자신감을 기를 수 있습니다.

▷ 자신의 방에 친구를 부를 수 있습니다.

방이 정리되면 아이에게는 친구들과의 친밀한 시간을 가질 기회, 부모에게는 아이의 교우 관계를 직접 살필 기회가 생깁니다.

지저분한 공간에는 쓰레기를 더하고 싶고, 깨끗한 공간에는 꽃을 더하고 싶다

미국 심리학자 필립 짐바르도는 1969년 흥미로운 실험을 합니다. 치안이 허술한 골목에 같은 차종의 자동차 두 대를 세워둡니다. 한 대는 보닛만 열어두고, 다른 한 대는 보닛을 열고 유리창을 조금 깨트려 놨습니다. 일주일 후 차를 둔 곳에 가보니 보닛만 열어 놓은 차는 달라진 것이 거의 없었는데, 유리창이 깨진 차는 엔진과 배터리 등 주요 부품이 사라지고 여기저기 파손되는 등 고철로 전락해버렸습니다. 이 실험은 깨진 유리창 하나를 내버려두면 그 지점을 중심으로 문제가 확산한다는 '깨진 유리창의 법칙'이라는 심리 이론을 증명하기 위한 것이었습니다.

1994년 뉴욕시장에 취임한 루돌프 줄리아니는 '깨진 유리창의 법칙'을 통해 뉴욕시의 범죄율을 낮췄습니다. 1980년대 뉴욕은 연간 60만 건 이상의 중범죄 사건이 일어났고, 특히 뉴욕 지하철은 여행객들 사이에 더럽고 위험하기로 악명이 높았습니다. 줄리아니는 도로변 건물이나 지하철 등에 스프레이로 휘갈겨진 낙서들을 깨끗이 지우는 한편, 쓰레기 무단 투척과 낙서, 무임승차 등 기초질서를 위반하는 사람들을 엄벌하겠다고 선포했습니다. 그러자 뉴욕의 지하철 범죄 건수가 5년 만에 75퍼센트나 감소했습니다.

공간에는 힘이 있어서 비슷한 에너지를 끌어당기고 증폭시킵니다. 깔끔하게 정리된 조용한 공간 안에 있으면 생각과 마음이 저절로 차분하게 정리됩니다. 반대로 어지럽혀진 공간 안에 있으면 산만하고, 게을러지고, 신경질적이기 쉽습니다.

아이 방에 밝고 긍정적인 에너지를 담고자 한다면 정리 요령과 방을 깨끗하게 유지했을 때의 장점을 아이에게 꼭 알려 주세요. 쾌적하게 생활하면 몸과 마음이 한층 더 여유롭고 풍요로워진다는 것을 아이가 공감해야만, 정리정돈의 원동력이 생깁니다.

방은 저절로 어질러지지 않는다

저절로 어질러지는 공간은 없습니다. 그리고 깨끗했던 공간이 어느 순간 어수선하고 너저분해지는 것도 아닙니다. 반드시 공간을 사용하는 사람의 행동에서 어질러지는 원인을 찾을 수 있습니다. 사용한 물건을 제자리에 두지 않는다, 필요 없어진 물건을 버리지 않는다, 물건을 구별해서 정리하지 않는다 등의 작은 행동이 원인이 되어 지저분한 방이라는 결과를 초래합니다.

"방이 왜 이렇게 지저분해? 이런 방에서 공부가 잘될 리가 있나. 어서 좀 치워!"라고 잔소리 폭탄을 투하하기 전에 아이의 행동을 유심히 관찰해보세요. 방을 어지럽히는 원인이 되는 행동이 무엇인지 알고 있어야, 치우고 어지럽히고 다시 치우는 악순환의 고리를 끊을 수 있습니다. 방을 지저분하게 만드는 아이의 행동을 찾아냈다면, 정리할 방법을 아이와 함께 생각해봅니다.

정리할 때는 다음의 3단계를 따릅니다. 3단계를 차근차근 따라 하면 정리가 쉬워집니다.

| 누구든 할 수 있는 쉬운 정리 요령 |

1단계	사용하지 않는 물건은 처분한다.

⬇

2단계	물건 수가 줄어들면 물건의 위치를 정한다.

⬇

3단계	정해진 위치에 물건을 둔다.

003

정리 습관을 들이는데, 늦은 때는 없다!

어린아이라도 어질러진 원인을 알면 언제라도 정리 못하는 습관을 극복할 수 있습니다. 하지만 아이에게 완벽한 수준의 정리정돈을 요구하거나 부모 성에 차지 않는다고 대신 정리하고 치워줘서는 안 됩니다. 서툴고 지저분하더라도 아이가 중심이 되어 정리해나가도록 칭찬하고 응원해주세요.

정리 못하는 습관은 고칠 수 있을까?

정리를 잘하고 집안일을 척척 잘해내는 멋진 엄마일수록, '왜 우리 아이는 자기 방 하나도 정리하지 못할까?'하고 심각하게 고민할 것입니다. 정리를 잘하지 못하는 것은 타고난 성격 탓일까요? 아니면 하루하루 일정에 쫓기다 보니 그럴만한 시간이 없어서일까요?

'세 살 버릇 여든까지 간다잖아, 쟤는 절대로 안 바뀔 거야'라는 지레짐작으로 포기할 필요는 없습니다. 왜냐하면, 정리를 못하는 원인은 성격 탓도, 너무 바쁜 탓도 아니니까요.

예전에 한 대학에서 '의식주 강좌' 중 '주(住)'에 대한 주제를 맡아 강의했던 적이 있습니다. 대학생 중에도 정리를 잘하는 사람과 못하는 사람은 당연히 있게 마련인데, 그 수업은 정리를 못하는 수강생의 비중이 80퍼센트나 됐습니다.

몇 번의 강의를 통해서 '전부 꺼낸다 → 필요한 것과 불필요한 것으로 나눈다 → 필요한 것만 다시 넣는다'와 같은 정리의 큰 흐름을 사례를 보여주며 설명했습니다.

그랬더니 정리를 못했던 대다수 학생에게 수업이 진행됨에 따라 자신의 방이 점점 깨끗해지고 있다는 말을 들을 수 있었습니다. 방이 어질러지는 원인만 알게 된다면, 그것을 피하는 방법은 나이가 몇 살이든 익힐 수 있습니다.

정리도 배우면 느는 기술이다!

그리고 강의가 끝난 후에 실시한 설문조사에서는 정리정돈을 통해 생활이 긍정적으로 바뀌었다는 의견을 다수 들을 수 있었습니다.

'어렸을 때부터 항상 정리를 못해서, 혼자 살면서도 방이 늘 어질러져 있었어요. 하지만 어질러지는 이유와 정리 방법을 알게 된 것만으로도 방이 바로 바뀌어서 깜짝 놀랐어요.' '언젠가 저도 결혼해서 식구가 늘어날 텐데, 가정을 꾸리기 전에 정리정돈의 기본을 배울 수 있어 좋았습니다.' '방이 정돈되고 나니 과제를 하거나 책을 읽는 등 홀로 방에서 보내는 시간이 늘고 즐거워졌어요.'

이처럼 아주 간단한 방법을 배우는 것만으로도, 정리정돈 기술은 순식간에 향상됩니다. 어린아이라도 어질러진 원인을 알고 '나도 정리를 잘하고 싶다'라고 생각하게 된다면, 어떤 타이밍이라도 정리 못 하는 습관을 극복할 수 있습니다.

정리를 잘하지 못하는 부모라면
솔직하게 커밍아웃하자!

최고의 교육 방법은 가르치는게 아니라 아이가 직접 보고 느끼도록 하는 것이라고 하지요. 아이에게 정리정돈 습관을 길러주는 최고의 방법은 부모가 먼저 정리하는 습관을 갖는 것입니다.

아이들은 부모의 모든 것을 흡수하고 모방하려고 합니다.

하지만 부모 중에서도 정리를 잘 못하는 경우가 많습니다. 그럴 때는 아이에게 "엄마도 세상에서 정리가 제일 어려운 것 같아"라고 솔직하게 커밍아웃하세요.

부모가 자신 역시 불완전하다는 것을 인정하고, 부족한 부분을 채우기 위해 노력하는 모습은 오히려 아이에게 좋은 본보기가 될 것입니다. 그리고 "너만 그런 게 아니라 나 역시 마찬가지야"라고 아이의 감정과 상황에 공감해줌으로써 아이와의 거리가 더 가까워질 것입니다. 주저하지 말고 아이와 함께 정리하는 기회를 꼭 마련하세요.

| 부모가 정리를 잘 못하는 경우 접근 방법 예 |

아이에게 "정리해!"라고 말하며 화내기보다는 "사실은 엄마도 정리를 잘 못해. 조그만 것부터 함께 해보면서 우리 둘 다 정리의 달인이 돼 보자!"라고 이야기해 보세요. 짧은 시간이라도 좋으니,

정기적으로 '둘이 함께 정리 타임'을 가질 수 있게 되면 더할 나위 없이 좋겠지요.

| 부모가 정리를 잘할 경우 접근 방법 예 |

"지금까지 정리 방법을 제대로 가르쳐 주지 못해서 미안해. 네가 정리 방법을 잘 모른다는 것을 깜빡했어. 엄마가 알려주는 세 가지만 순서(32쪽 '누구든 할 수 있는 쉬운 정리 요령')대로 하면 어디든 깨끗해진단다. 우리 함께 해볼까?"라고 다정하게 이야기해 보세요. 욕심내지 말고, 서랍 한 칸부터 시작하는 것이 성공의 비결입니다. 정리를 잘하든 못하든, 먼저 아이와 마주하는 것이 가장 중요합니다.

아이가 '나는 절대 안 돼', '나는 못해'라는
부정적인 생각을 떠올리지 않게 한다

저는 정리를 못하는 아이였습니다. 왜 못했을까요? 저희 어머니는 동네에서 살림을 잘한다고 소문이 자자할 정도로 살림 솜씨가 좋았습니다. '어머니'를 생각하면 하얀 앞치마를 두르고 집안을 분주히 뛰어다니시던 모습이 가장 먼저 떠오릅니다. 가구는 반질반질 윤이 났고 집안에는 머리카락 한 올 굴러다니는 법이 없었지요. 그런데 아버지나 저희 형제는 정리정돈에 아주 무심했어요. 정리정돈이 필요하다고 느끼기 전에 어머니가 늘 '최상'의 상태로 만들어주셨기 때문이지요. 그래서 어린 시절 정리의 필요성과 방법을 배울 기회가 없었습니다.

정리를 잘하는 부모의 경우, 정리 방법도 완벽을 추구하기 십상입니다. 아이는 '대충대충 정리'라도 상관없습니다.

'전부 꺼낸다 → 필요한 것과 불필요한 것으로 나눈다 → 필요한 것만 다시 넣는다'의 순서만 지킨다면 우선은 만점을 주세요. 아이가 정리를 끝냈을 때는 반드시 칭찬도 잊지 마세요.

"이게 다 정리한 거야?", "정리 진짜 못하네", "그렇게 하면 안 돼"와 같이 부정적인 말은 절대 금지입니다. 아이가 정리해 놓은 것이 맘에 들지 않는다고 부모가 대신 정리해주고 치워줘서도 안 됩니다. 부모가 대신해주면 아이는 자기가 치우지 않아도 된다고 생각하거나, 잘 치우지 못할 것을 겁내 정리정돈을 꺼리게 됩니다.

아이니까 서툰 것이 당연합니다. 비단 정리에서뿐만 아니라 아이가 성장하면서 가장 중요한 것은 있는 그대로의 나를 좋아하는 자존감과 자신이 사랑받고 있다고 느끼는 것, 이 두 가지입니다. 이 두 가지가 충족된다면 어떤 상황에서도 자신감 있게 행동할 수 있는 아이로 자라게 됩니다. 부모가 먼저 "함께 하자"라고 아이의 손을 잡아 보세요. 그리고 아이 눈높이에 맞춰 정리 수준을 조절하세요.

| 꼭 기억해야 할 정리의 최강 룰 |

① 물건을 전부 꺼낸다.

② 필요(사용 중)한 물건과 필요 없는(사용하지 않음) 물건으로 구분

한다. 분류할 때는 1년 안에 이 물건을 사용할지를 기준으로

삼는다.

③ 필요한 물건만 다시 넣는다.

※ 서랍 한 칸이든 방 전체 든 적용되는 기본 룰은 똑같다.

전부 꺼낸다.   필요 없는 것을   필요한 물건만
                     골라낸다.   다시 넣는다.

004

물건을 버릴 때도 유예기간이 필요하다

아이와 정리정돈을 할 때 조급해해서는 안 됩니다. 성급하게 부모의 기준을 강요하면 아이는 자신이 존중받지 못한다는 생각에 상처를 받게 됩니다. 아이가 필요한 물건과 필요 없는 물건을 스스로 분별할 수 있도록 충분히 기다려주세요.

"지금은 버릴 수 없어요!"

정리정돈을 하다 보면 '지금은 사용하지 않지만, 아이가 당장 버리고 싶어 하지 않는 물건을 어떻게 하면 좋을까?'라는 문제로 고민하게 됩니다. 감수성이 예민한 아이들 중에는 물건을 버리는 것을 극도로 싫어하는 아이들도 있습니다.

'모처럼 나한테 와 줬는데 버리다니…….' 혹은 '이 물건 때문에 내가 얼마나 기뻤는데…….' 라고 생각하는 것이죠. 특히나 장난감처럼 즐거운 추억이 많은 물건일수록, 아이는 버리는데 강한 거부감을 보입니다.

저희 아이는 다섯 살 무렵에 전단지를 모으는 버릇이 있었습니다. 아이와 함께 외출하면 벽에 붙어 있는 전단지를 떼거나 길에 버려져 있는 전단지를 줍느라 외출 시간이 하염없이 길어지곤 했지요. 그렇게 집에 가져온 전단지를 아이는 끔찍이 아꼈습니다. 책상, 식탁, 서랍

등 집안 곳곳에 전단지가 쌓일수록 아이는 행복해했지만 저는 스트레
스가 쌓여만 갔습니다.

하루는 아이가 유치원에 갔을 때 집에 있는 전단지를 모조리 버렸
습니다. 얼마나 상쾌하던지……. 그런데 집에 돌아온 아이가 전단지가
없어진 걸 알고는 대성통곡을 하기 시작했습니다. 결국 아이에게 "네
소중한 물건을 엄마가 묻지도 않고 버려서 정말 미안해. 앞으로는 절
대 그러지 않을게"라고 사과해야했습니다. 여전히 뾰로통해 있는 아
이와 함께 커다란 상자를 구해다 색종이와 색연필로 예쁘게 꾸미고

'○○이의 보물상자'라고 적었습니다. 아이의 요청에 따라 '○○이 외에 다른 사람은 절대 열어보면 안 됨'이라는 메시지도 추가로 적었습니다. 아이에게 앞으로 전단지는 꼭 상자 안에 넣겠다는 다짐을 받은 후 사건은 일단락되었습니다.

아이와 정리정돈을 할 때 조급해서는 안 됩니다. 부모 눈에는 하찮게 보일지라도 아이가 소중하게 생각하는 물건은 부모 역시 소중히 다루어야 합니다. <u>부모의 기준을 강요하면 아이는 자신이 존중받지 못한다고 생각해 상처를 받습니다.</u>

아이에게 정리정돈은 자기결정력 훈련이다

정리정돈은 자기결정력과도 관련이 있습니다. 자기결정력은 자기에게 가장 중요한 것이 무엇인지 스스로 선택하고 목표를 세운 다음 그 목표를 이루기 위해 할 일을 스스로 결정하는 것입니다. 자기결정력이 높은 아이는 자신이 판단한 것이 옳다고 믿기 때문에 자존감이 높고, 생각을 실천에 옮기는 데도 적극적입니다. 그리고 아이가 자라 문제에 직면했을 때 더 나은 선택을 하고, 실패를 거울삼아 다시 일어서는 '회복탄력성'도 높습니다.

헬리콥터처럼 아이의 주위를 돌면서 과잉보호한다고 해서 붙여진 '헬리콥터맘', 캥거루처럼 자녀를 곁에 두고 조종하며 무엇이든지 다 해주려는 엄마를 일컫는 '캥거루맘' 등 아이의 일거수일투족을 따라다니며 챙겨주는 부모들이 사회적 이슈가 되고 있습니다. 부모가 아이의 결정을 대신해주다 보면 아이는 성인이 되어서 작은 일도 스스로 결정하지 못하게 됩니다.

실제로 대학 강의 등을 통해 20대와 만나며 느낀 제 생각도 비슷합니다. 과거에 비해 귀하게 자란 요즘 청년들은 딱히 하고 싶은 일도 없고 실패를 극도로 두려워하는 경향을 보입니다.

자기결정력의 토대가 되는 자율성은 자기주도성이 생기는 3세 이후 급격히 발달합니다. 자기결정력을 키우려면 어릴 때부터 부모가 아이의 자율성을 존중해주고, 아이 스스로 선택할 기회를 자주 줘야 합니다.

 "오늘은 어떤 양말을 신을까?" "어떤 색의 칫솔을 사는 게 좋을까?" "레고를 어디 두는 게 좋을까?"처럼 아주 사소한 것부터 아이가 선택하도록 합니다. 선택이 8할을 차지하는 정리정돈은 자기결정력을 키우는 데 큰 도움이 됩니다. 오래 걸리더라도, 잘못된 선택을 하더라도 아이의 선택을 존중해주세요. 이런 과정을 통해 실패와 좌절을 딛고 다시 일어나는 힘인 회복탄력성이 높아집니다.

아이가 결정할 때까지 기다려주기

 아이가 필요 없는 물건을 계속 가지고 있으려고 하면 유예기간을 주세요. 지금 버릴지 남겨둘지 판단할 수 없는 물건들은 따로 모아서 '생각 중인 상자'를 만듭니다.

| 생각 중인 상자 만들기 |

① 버리지 못하는 물건을 상자에 전부 넣는다.

과자가 들어있던 상자나 신발 상자 등 아무거나 상관없습니다.

상자를 하나 준비해서 겉에 '생각 중'이라고 쓰고, 지금 사용하지

는 않지만 버리지 못하는 물건을 상자에 전부 넣습니다.

② 상자는 가까운 곳에 둔다.

라벨이나 종이에 'ㅁㅁ은 이 상자를 ○월 ○일에 반드시 열기'라

고 크게 써서 상자에 붙이고 닫습니다. ㅁㅁ에는 아이의 이름을

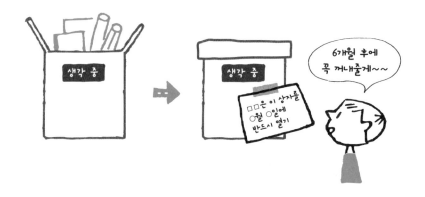

쓰고, 약 6개월 후 정도를 개봉 시점으로 잡아 날짜를 적어둡니

다. 상자는 하루에 한 번은 아이 눈에 띌만한 장소에 두면, 아이가

상자의 존재를 잊지 않게 됩니다.

생각 중인 상자가 정착되면 유예기간을 3개월, 한 달, 보름 등으

로 점차 단축합니다.

③ 상자는 반년 정도 지나면 잊지 말고 개봉한다.

6개월 후, 상자 개봉일에 아이에게 "상자에 무엇을 넣었는지 기

억하니?"라고 물어본 뒤 함께 '생각 중인 상자'를 열어 봅니다. 아

마 80퍼센트 정도의 물건은 '내가 이런 걸 넣었었나?'하고 생각할 정도로, 상자에 넣었던 것조차 까맣게 잊고 있을 것입니다.

"잊고 있었는데도 네가 불편하지 않았다는 것은, 너의 생활에는 꼭 필요한 물건이 아니라는 증거겠지"라고 아이에게 조언합니다. 그리고 "상자 안에 있는 물건중에 버려도 되는 물건이 있니?"라고 묻고 아이에게 '필요'와 '필요 없음'을 판단하게 합니다.

물건과 주인의 관계를 숙성시키는 '생각 중인 상자'

'생각 중인 상자'의 또 한 가지의 장점은, 언제까지나 소중하게 간직하고 싶은 진정한 보물을 발견하는 것입니다. 6개월이 지나도 기억이 흐려지지 않고 변함없이 반짝반짝 빛나는 물건이 있으면 그것은 아이의 진정한 보물이겠지요. '생각 중인 상자'에서 꺼내서 따로 '보물 상자'를 만들어 옮겨 주세요.

가끔, "우리 아이는 전부 보물 상자에 옮겨 버렸어요"라고 난처해하며 상담하는 어머니들이 계십니다.

"보물은 보물 상자에 넣을 수 있는 만큼만 가지는 거야. 넘치게 되면 뭔가는 버리자"라고 약속해 두면 아무거나 전부 쟁여두려는 버릇을 고치고, '필요하다, 필요하지 않다'를 스스로 판단하는 기회를 만들 수 있습니다.

'생각 중인 상자'는 어른에게도 유효합니다. 자신에게 있어서 필요한 물건인지 아닌지를 지금 당장 판단할 수 없을 때는 상자에 넣은 다음 시간을 두고 물건과 자신의 관계를 숙성시켜 보세요.

소중한 물건이라고 생각해도 시간이 지나서 흥미를 잃게 되는 물건이라면 대부분 필요 없는 것입니다. 정말로 소중히 간직하고 싶은 물건은 절대 시간에 굴복하지 않습니다. 가족이 모여 '생각 중인 상자'를 만들고 함께 열어 보는 경험도 아이에게는 즐거운 정리정돈 훈련이 될 것입니다.

생각 중인 상자는
자신에게 정말로
필요한 물건이 어떤 것인지
깨닫게 한다는 측면에서,
물건과 주인의 관계를
숙성시키는 도구다.

물건이 자꾸 늘어나는
악순환에서 빠져나오기

005

'언젠가'라는
단서가 붙은 물건은
과감히 버린다!

우리는 당장 필요하지는 않지만 언젠가 필요할지 모를 물건
과 없어도 불편하지 않은 물건을 정리하고 수납할 공간을 마
련하기 위해 내 소중한 공간을 내주고, 시간 · 노력 · 돈을 쏟
아붓고 있습니다. '언젠가' 입을 옷, '언젠가' 읽을 책, '언젠
가' 사용할 그릇 등 '언젠가'라는 단서가 붙은 물건을 우리
집에서 과감히 아웃시키세요.

무심코 집에 들인 물건이 가져올 '나비 효과'

"우리 집은 물건이 너무 많아서, 아무리 정리해도 제자리예요"라고 말씀하시는 어머니들을 자주 뵙습니다. 많은 물건이 정리를 방해하는 요인이라는 것까지는 알고 있어도, 물건이 왜 늘어나는지 그 원인을 알아내지 못하는 분들이 많은 것 같습니다. 그래서 간단한 산수 문제를 풀어보며 아이와 함께 물건이 늘어나는 구조를 생각해 볼까 합니다.

부부와 아이 두 명이 사는 4인 가족이 있습니다. 한 사람이 하나씩 매일 무언가를 집에 가지고 온다면, 1년 후에는 몇 개가 늘어나게 될까요? 식품과 소모품은 제외합니다.

'매일 매일 집에 그렇게 물건을 가져다 놓지는 않는데······'라고 생각하시는 분들도, 자신의 일상을 한번 돌아보세요. 아이들이 받아온 지우개나 책, 유인물 그리고 미술 시간에 만든 작품들, 하나 사면 하나를 더 주는 제품, 물건에 딸려 오는 증정품, 하나쯤 가지고 있으면 편리할 것으로 보여 산 1000원짜리 제품들, 선물 받은 물건들……. 나도 모르는 사이에 많은 물건이 집에 들어와 있습니다. 자, 그럼 아이와 함께 계산해 볼까요?

1개 × 4명 × 365일 = 1460개.

4인 가족이 하루에 하나씩 무언가를 집에 가지고 오면 불과 1년 사이에 무려 1500개 남짓한 물건이 집안에 쌓이게 됩니다. 가령, 가족 모두가 매일 무언가를 가지고 오지 않는다고 해도, 잠깐 방심하면 어떤 가정이라도 1년에 1000개 정도의 물건은 간단히 늘어나게 되는 셈이죠.

두 번째 문제입니다. 집안에 물건이 1년에 1460개씩 늘어난다면 10년 후에는 얼마나 늘어날까요?

1460개 × 10년 = 14600개

이번에는 금방 계산되지요. 10년간 약 1만 5000개의 물건이 집에 흘러들어옵니다. 4인 가족에게 꼭 필요한 생활필수품 수는 약

500~600개라고 알려져있습니다. 그런데 10년 동안 그 세 배나 되는 물건이 늘어난 셈입니다.

'나비 효과'라는 말을 들어보신 적 있으시죠? 브라질에 있는 나비가 날개를 한 번 퍼덕인 것이 대기에 영향을 미쳐 미국 텍사스에 토네이도를 발생시킬 수도 있다는 과학 이론입니다. 아주 작고 사소한 사건 하나가 나중에 엄청난 결과를 불러일으킬 수 있다는 의미로 해석할 수 있습니다. 정리정돈에서도 나비 효과를 생각해볼 필요가 있습니다. 무심히 하나둘 집에 들인 물건들이 쌓여 결국 집을 정리 불가능한 상태로 만들 수도 있기 때문입니다.

4인 가족이 하루에 하나씩 무언가를 집에 가져오면 1년이면 1460개가 되요.

우리 집을 정리 불능으로 만드는 생각, '언젠가'

이제 물건이 늘어나는 구조는 알았습니다. 그럼 방은 왜 어질러지는 것일까요? 앞서 방은 저절로 어질러지지 않는다고 했습니다. 불필요한 물건을 '왠지 모르게' 집으로 가져오고, 사용한 물건을 '왠지 모르게' 제자리에 놓지 않으며, 불필요한 물건을 바로 버리지 않고 '왠지 모르게' 쌓아 둔다. 범인은 바로 '왠지 모르게'한 행동들입니다.

우리는 거의 무의식적으로 물건을 사거나, 받아 옵니다. 그리고 '왠지 모르게' 필요할 것 같아서 버리지 않고 놔둡니다. 이 '왠지 모르게'와 결별할 수만 있으면, 아이도 어른도 '정리 낙제생'을 면할 수 있습니다.

형제자매인데도 태어날 때부터 칼같이 판단할 수 있는 아이와 그렇지 못한 아이가 있습니다. 하지만 결단이 필요한 순간 우물쭈물하는 아이라도 훈련을 통해 결단력을 기를 수 있습니다.

물건을 살 때 다음과 같이 스스로 묻고 답하다 보면 충동구매 욕구를 억제할 수 있습니다. 아이뿐만 아니라 어른에게도 통하는 즉효 약입니다.

| 필요 없는 물건을 사지 않게 하는 자문자답 |

왠지 귀여우니까 갖고 싶다.

스무 살이 될 때까지 소중히 여기고 싶다고
생각될 정도로 귀여운가?

왠지 좋으니까 갖고 싶다.

좋다는 느낌 말고
그 물건을 사야 하는 이유를 하나쯤 생각해보자.

사용하던 물건을 못 찾아서 사고 싶다.

↓

물건을 둘 자리는 결정해 놓았는가?

공짜니까 받는 게 이익 아닐까?

↓

집안에 있는 물건들이 저마다 차지하는 공간과 집에
머무르는 시간에 따라 보관료를 내야 한다고 생각해보자.
사용하지 않으면서 보관료를 꼬박꼬박 내야 한다면
공짜라도 이익이 아니라 손해다.

하나가 늘어나면 하나를 줄이는 '인 아웃 법칙'

집안을 둘러보며 생각해보세요. 내가 우리 집에 있는 물건의 '주인'인지, 아니면 '집사'인지를요. 우리는 당장 필요하지는 않지만 '언젠가' 필요할지 모를 물건과 없어도 불편하지 않은 물건을 정리하고 수납할 공간을 마련하기 위해 소중한 공간을 내주고, 시간 · 노력 · 돈을 쏟아붓고 있습니다. 삶이 풍요로워지길 바라며 산 물건들이 우리를 힘들게 하는 존재가 될 수도 있습니다.

물건을 늘리지 않으려면 사는 물건만큼 버리는 물건이 있어야 합니다. 무엇인가를 사고 싶다면 먼저 산 물건의 개수만큼 같은 종류의 물건을 버립니다. 머플러를 하나 산다면, 갖고 있던 머플러 하나 버리는 식이지요.

버리는 것을 판단하는 게 너무 어려울 때는, 고민되는 물건을 앞에 두고 다음과 같이 자문자답해보세요. 판단이 한결 수월해질 것입니다.

| 물건을 버릴 수 없을 때 도와주는 질문 |

언젠가 사용할 날이 있을지도 모른다.

막연한 예감일 뿐이다.
당장 사용할 날짜를 확정하지 못한다면 필요 없는 물건이다.
'언젠가' 입을 옷, '언젠가' 읽을 책, '언젠가' 사용할 학용품 등
'언젠가'라는 단서가 붙는 물건이라면 과감히 버리자.

왠지 모르게 아련한 추억이 생각나 버리고 싶지 않다.

아련한 물건들로 방을 다 채울 셈인가?
과거가 현재에 부정적인 영향을 미쳐서는 안 된다.

옷장에 보관된 옷의 40퍼센트는
거의 입지 않거나 한 번도 입지 않은 옷이다.

물건을 사고 버릴 때 이렇게 자문자답하다 보면 '정말 원하는 물건,
소중히 간직하고 싶은 물건은 그렇게 많지 않을지도 모른다'라고 깨
닫게 될 것입니다. '왠지 모르게' 사는 버릇이 조금씩 고쳐지면, 버리
는 것도 자연스럽게 능숙해집니다.

006

최고의 정리는
버리기!

수납과 정리는 엄연히 다릅니다. 아무리 기발한 수납 기술과 효율적인 수납 도구도 늘어나는 물건을 감당할 수 없습니다. 수납은 '잘 쌓아두는 것'일 뿐, 근본적인 해결책은 물건 수를 줄이는 것입니다. 그래서 '버리기'를 정리의 시작과 끝이라고 합니다. 버리기를 잘하게 되면, 정리하고 정돈해야 할 물건의 수가 줄어들어 자연스럽게 정리가 쉽고 명쾌해집니다.

필요 없는 물건과는 과감히 작별하기!

필요없는 물건과 이별하는 방법이 몇 가지 있습니다. 가장 간단한 것이 바로 '버린다'. 그리고 생각보다 어려운 것이 '준다'. 수고와 시간이 걸리는 것이 '팔다, 양도한다'입니다.

'버린다'는 행위를 부정적으로 생각하는 사람이 많습니다. 물건을 버릴 때 돈을 버리는 기분이 들기 때문입니다. 그러나 비싸게 주고 산 물건이든 새것이나 다름없는 물건이든, 오래된 물건의 값어치는 여러분이 생각한 것만큼 높지 않습니다. 오히려 버리지 않고 쌓아 두는 게 더 큰 낭비입니다. 작은 물건이라도 집에 들이는 순간부터 공간을 나눠주고 관리해야 줘야 하는 데, 이를 비용으로 환산하면 절대 적지 않습니다.

버리는 것이 어려운 또 다른 이유는 버리는 행위가 내가 한 결정과 행동이 잘못되었음을 인정하는 것 같아 불편해지기 때문입니다. 원인을 모르면 같은 실수를 계속 반복할 수밖에 없습니다. 주기적인 비우기는 잘못된 소비 패턴이나 정리 습관을 점검할 좋은 기회입니다.

물건을 자신의 일부로 생각해 존재감을 느끼고 애착이 심해지면 비워내지 못하고, 버려도 불안해합니다. 특히 버릴 물건을 판단하는 주체가 아이라면 물건과의 정서적 유대감이 가장 큰 걸림돌이 됩니다.

정리정돈은 시작과 끝이 '버리기'입니다. 수납과 정리는 엄연히 다릅니다. 아무리 기발한 수납 기술과 효율적인 수납 도구도 늘어나는 물건을 다 감당할 수 없습니다. 버리기를 잘하게 되면, 정리하고 정돈해야 할 물건의 수가 줄어들어 자연스럽게 정리가 쉽고 명쾌해집니다. 아이와 함께 '버리기 실전 훈련'에 도전해서 '버리기 달인'이 되어 보세요.

버리기 실전 훈련 1
- 버리기 쉬운 물건부터 버리기 -

우선은 버리는 연습을 합니다. 명확하게 사용하지 않는 물건, 즉 버리기 쉬운 물건이 버리기 연습의 타겟입니다. 우선은 버리는데 별다른 고민이 필요하지 않은 물건을 처분함으로써 '버리니까 산뜻해진다!' '버려도 불편하지 않다' 등 버렸을 때의 이점을 실제로 체험하는 것이 목적입니다. 아래와 같은 물건부터 시작해 보면 어떨까요?

| 버리기 연습용 물건 |

- 다 읽은 잡지나 신문
- 여러 개 있는 필기도구나 문방구
- 지금은 가지고 놀지 않는 장난감이나 인형류
- 지난해에 받은 프린트물

- 지난해 사용한 교과서와 노트

- 나이에 맞지 않는 디자인의 가방이나 소품

- 낡은 우산

- 1년 동안 입지 않았던 옷

- 고장 난 가전제품이나 장난감

- 빈 음료수병, 쿠키 통, 상자, 쇼핑백 등 포장 용기

- 서랍이나 상자 등에 보관된 장식품과 기념품

버리기 실전 훈련 2

- 공간을 정해 필요한 것과 필요 없는 것 나누기 -

버리는 것에 대한 저항이 없어지면, 이제 필요한 물건과 필요 없는 물건을 판단하는 연습을 해 봅시다. 정리하는 부분을 서랍 한 칸 등으로 정해서 하나씩 물건과 마주합니다. 처음에는 판단하는 데 시간이 걸려서 쉽게 피곤해지므로, 5분 정도만 해봅니다.

'최근 1년 동안 한 번이라도 사용했는지, 안 했는지'를 기준으로 최대한 짧은 시간에 '필요', '필요 없음'을 판단해 나갑니다. 1년 동안 한 번도 사용하지 않은 물건은 과감히 우리 집에서 아웃시킵니다.

단, 소중한 추억이 담긴 물건은 그에 해당하지 않습니다. 감성적인 아이는 물건과 관련한 추억에 이끌려 아무것도 버리지 못해서 정리가 진전되지 않는 경우도 있습니다.

그럴 때는 47쪽에서 제안한 '생각 중인 상자'에 넣어두고 잠시 시간을 둘 것을 권장합니다. 이런 연습을 반복해 나가다 보면 자신에게 필요한 물건인지 아닌지를 판단하는 시간이 점차 단축됩니다.

'생각 중인 상자'가 추억의 물건과 아이의 정 떼기에 별 효과가 없다면, 아이와 함께 〈업〉이라는 제목의 애니메이션을 한 편 보실 것을 권합니다. 가끔 고객과 함께 보는데 효과가 아주 좋습니다.

소꿉친구이자 아내였던 엘리가 죽고 나자 칼은 아내와의 추억이 담긴 물건을 쓸고 닦으며 집을 떠나지 못합니다. 집 주위로 커다란 빌딩이 들어서면서 건설사와 트러블을 겪던 칼은 수천 개의 풍선을 매달아 집을 통째로 띄워 여행을 떠납니다. 하늘을 날던 중 폭풍우를 만나서도 칼은 집안의 물건을 고집스럽게 지키지요. 하지만 여행을 통해 칼은 추억은 물건이 아닌 마음에 깃든다는 것을 깨닫고, 집안의 모든 물건을 버립니다. 엔딩에서 칼은 텅 빈 집마저 버리고 다시 여행길에 오릅니다. 〈업〉은 추억의 물건 앞에서 고집 피우던 아이의 생각을 조용히 바꿔줄 거예요.

007

책장 가득 들어찬 책은
아이에게
독을 내뿜는다!

스펀지처럼 주변 환경의 영향을 많이 받는 아이에게 책에 둘러싸인 집만큼 책과 친해지기 좋은 공간은 없겠지요. 하지만 아무도 봐주지 않고 꽂혀 있기만 한 책은 벽지와 다르지 않습니다. '언젠가' 읽을 책까지 집에 두는 건 공간을 낭비하는 일입니다.

아이 있는 집의 골칫덩이 1순위 책과 옷

'어질러져 있는 집은 이제 싫어! 본격적으로 집안을 정리하고 싶어!'라고 생각은 해도 좀처럼 정리할 계기를 찾기 어려울 수 있습니다. 이럴 때는 아이가 있는 가정이라면 너무 많아서 곤란하다고 생각하는 대표적인 물건, 바로 책과 의류를 버리는 것부터 시작해 보면 좋습니다.

책장이 꽉 차서 넘쳐나는 책들이 방 여기저기에 놓여 있지는 않나요? 옷이 서랍에 꽉꽉 들어차 있지는 않나요? 우선, 필요 없는 책과 의류를 처분해서 정리정돈에 탄력을 붙여봅시다.

'소중한 책 베스트 10' 이외는 미련없이 버린다!

책은 금방 늘어나기 쉬운 물건입니다. 식구들이 제각각 책을 사서 집에 가져오면 1년간 수십 권은 금방 늘어나 버리죠. 또 물건을 살 때 여러 번 심사숙고하는 부모라도 책만큼은 아이가 읽고 싶다고 하면 망설임 없이 사는 유일한 품목입니다.

기본적으로 잡지와 같이 시류를 반영하는 정보 중심의 책은 한번 읽고 버려도 상관없습니다. 이미 낡은 정보를 집에 둘 필요는 없기 때문입니다. 학습지나 만화 잡지들도 아이와 의논해서 최근 몇 호만 남기고 버릴지를 결정합니다.

반대로 아이가 어렸을 때 읽어 주었던 그림책이나 지금은 구하기 어려운 책은, 추억 삼아 소중히 보관해 두세요. 하지만 이때도 원칙은 있습니다. '○○의 소중한 책 베스트 10'과 같이 보관할 책의 권수를 정해서, 책이 막무가내로 늘어나는 것을 방지합니다.

지식의 생산량이 많아지는 만큼 지식의 유효기간이 짧아지고 있습니다. 그래서 백과사전처럼 오래 두고 보는 책도 3~5년을 주기로 버릴지 남길지를 판단해야 합니다. 그 밖의 장르 책은 원칙적으로 '1년 이내에 읽을 기회가 있는가'를 기준으로 취사선택합니다.

책이 벽지가 되는 것을 막아라!

스코틀랜드의 시인 앤드류 랭은 "집은 책으로, 정원은 꽃으로 가득 채워라"고 말했습니다. 스펀지처럼 주변 환경의 영향을 많이 받는 아이에게 책에 둘러싸인 집만큼 책과 친해지기 좋은 공간은 없겠지요. 하지만 <u>아무도 봐주지 않고 꽂혀 있기만 한 책은 벽지와 다르지 않습니다. '언젠가' 읽을 책까지 집에 두는 건 공간을 낭비하는 일입니다.</u>

1980년대 미국의 심리학자 에드워드 로빈슨과 아서 멜톤은 전시 공간과 관람객 행동 사이의 상관관계를 연구하던 중, '뮤지엄 피로 (museum fatigue)'라는 개념을 도출했습니다. 뮤지엄 피로는 한꺼번에 많은 작품을 관람하면 집중력이 떨어지고 피로할 뿐만 아니라, 두통이나 구토가 나는 증상입니다. 로빈슨과 멜톤은 실험을 통해 같은 면적의 전시장에 설치된 작품 수가 많아질수록 관람객의 전시에 대한 전체적인 관심과 개별 작품에 대한 관심이 현저히 떨어지는 것을 발견했습니다. 높은 책장 가득 빽빽하게 들어찬 책 역시 아이에게 피로감을 줍니다.

또한, 책을 한 권 한 권 읽으며 느끼는 성취감도 떨어질 수밖에 없습니다. 일주일에 한 권씩 읽는다고 해도 1년이면 50권 정도입니다. 가족 개개인이 보유할 수 있는 책의 권수를 정해두고, 필요와 관심사의 변화에 따라 비우고 채우기를 반복하는 것이 바람직합니다.

아이에게 독서를 즐거운 놀이로 만들고 책 정리를 쉽게 도와주는 저만의 비결은 '스티커 붙이기'입니다. 아이가 본 책은 책등에 작은 스티커를 붙여줍니다. 책장을 보면 어떤 책이 읽은 책이고 어떤 책이 읽지 않은 책인지 한눈에 들어오고, 스티커가 붙지 않은 책은 읽고 싶다는 생각을 불러일으킬 수 있습니다. 또 1년에 한 번씩 책장을 정리할 때 스티커가 붙은 책을 중심으로 처분하면 되니 편리합니다.

1년 동안 읽은 책에 스티커를 붙이면 자연스럽게 아이만의 독서 통계가 만들어집니다. 스티커 개수를 세어 아이가 1년 동안 책을 몇 권 정도 보는지 파악하면 집에 두는 책의 권수를 쉽게 조절할 수 있습니다.

키 큰 책장의 바닥부터 꼭대기까지 책으로 빽빽이 채우는 수납법은, 오히려 아이를 책과 더 멀어지게 합니다. 아이가 자신의 키보다 높은 곳에 꽂혀 있는 책을 꺼내 읽는 경우는 별로 없습니다. 아이에게 알맞은 책장은 아이가 손을 뻗어 책을 쉽게 꺼낼 수 있는 높이여야 합니다. 책장 하나를 온 가족이 함께 사용한다면 아이 키를 기준으로 아이 책은 아래쪽에, 부모의 책은 위쪽에 꽂습니다.

아이 스스로 읽을 책을 정하고, 보고 나서 정리할 수 있게 하려면 아이가 쉽게 꺼내고 넣을 수 있도록 책장은 70~80퍼센트만 채웁니다. 아이의 현재 관심사와 관련 있는 주제의 책은 표지가 보이도록 책장에 세워두는 것도 좋습니다. 아이는 관련된 책을 더 가까이할 수 있고 가족 누구나 아이의 관심사를 쉽게 알 수 있기 때문입니다.

나눔을 통해 물건의 소중함을 알려준다!

필요 없는 물건을 버리라고 했을 때 어른들, 특히 여성일 경우 가장 버리기 힘들어하는 품목이 '옷'입니다. 앞서 사람들은 물건을 버릴 때 내가 한 결정과 행동의 잘잘못을 평가받는다고 생각하기 때문에 물건 버리기를 힘들어한다고 했습니다.

꼭 필요해서라기보다 감정에 휩쓸려 충동구매하는 경향이 큰 옷은, 이런 평가 앞에서 부정적인 평가를 받을 수밖에 없지요. 큰 맘 먹고 옷을 정리하려다가도 '살을 빼서 입을 거야' '유행은 반복되니까, 두었다가 입어야지' '집에 있을 때 입지 뭐' 등 이런저런 핑계를 대며 버리지 못하는 경우가 다반사입니다. 반면 아이들의 옷은 '작아서 입을 수 없다'는 버려야 할 명징한 이유가 있어서 어른 옷보다는 상대적으로 버리기 쉽습니다.

잠시 방심하면 아이가 무럭무럭 성장해서 입을 수 없게 된 옷이 쌓여 갑니다. 아이가 하나뿐인 가정이라면 더욱 빨리 처분해야겠지요. 쓰레기통에 버리는 것은 간단하지만, 깨끗한 옷이라면 "누군가에게 줄 수 없을까?"하고 아이와 함께 의논해보세요.

제가 누차 강조하는 버리기가 쓸만한 물건마저 쓰레기처럼 취급하라는 이야기는 아닙니다. 정리에서 버리기는 나와 우리 가족에게 필요 없는 물건을 '집'이라는 한정된 공간에서 치우는 일입니다. 물건에도 생명이 있다면 쓰지 않고 방치된 물건은 죽은 것이나 다름없습니다. 내게 필요 없는 물건을 필요한 사람에게 나눠주어 물건이 본래의 쓰임대로 살게 하는 일 역시 버리기입니다.

아이에게 버리는 방법뿐만 아니라 정리를 통해서 물건을 소중히 하는 자세 역시 부모가 꼭 알려줘야 합니다. 물건을 소중히(잘 관리하며) 오랫동안 사용하는 것은 물건 개수가 늘어나지 않게 하는 가장 좋은 비결입니다. 물건을 소중히 대하는 마음은 나아가 생명이 있는 모든 존재를 소중히 여기는 태도로까지 이어집니다.

착용 기간이 짧은 아이 옷은 대부분 옷 자체에는 별다른 문제가 없습니다. 버릴 옷 중 상태가 좋은 옷은 따로 모아 헌 옷을 기증받아 필요한 사람에게 전달하는 단체에 보냅니다. 아이가 바자회 등 중고물건을 거래하는 행사에 직접 참여해 보는 것도 물건의 소중함을 느끼고 나눔에서 오는 행복과 기쁨을 배우는 소중한 시간이 됩니다.

정리는 혼자 하면 어른들도 좀처럼 진전되지 않습니다. 우선은 아이와 즐겁게 대화한다는 생각으로 함께 해보세요. 아이와 함께 정리하면서, 예를 들어 '이 책을 읽어 주었을 때 어떻게 좋아했었는지'라든가, '이 옷을 입었을 때 얼마나 귀여웠는지'를 이야기해 주면, 아이는 부모의 애정을 확인하게 됩니다. 그런 대화가 아이의 마음과 생활을 안정된 상태로 이끌어주며 가족의 정을 깊게 합니다.

008

하루에 열 개씩
버리는 척하기
게임

"우리 집은 버릴 것이 없어요." "아무리 열심히 치워도 티가
나지 않아요"라고 하소연하는 분들을 위해 준비한 게임입니
다. 치우겠다는 생각은 멈추고 '필요 없는 물건 수색대'가 되
어 매일 열 개씩 필요 없는 물건을 버립니다. 게임처럼 즐기
다 보면 어느 순간 정리하지 않았는데도 집이 놀랍도록 정돈
되어 있다고 느끼는 순간이 반드시 찾아옵니다.

치우기 Stop! 버리기만 한다!

버리기만 잘해도 정리정돈은 이미 절반은 성공했다고 할 수 있습니다. 하지만 제가 정리정돈에서 버리기의 중요성을 아무리 강조해도, "우리 집에는 버릴 것이 없어요. 다 필요한 물건들뿐인걸요"라고 말하는 분들도 계실 겁니다. 이런 분들을 위해 준비한 게임이 있습니다. 일명 '매일 열 개씩 버리기 게임'입니다.

방법은 아주 간단합니다. 매일 열 개씩 필요 없는 물건을 버리는 겁니다. 하지만 진짜 버리거나 처분하는 건 아니고, '버리는 척'하는 게 포인트입니다. 커다란 상자나 봉투 등을 마련해두고 버리는 물건을 한 데 담아둡니다. 버릴 물건을 옮겨 놓기만 할 뿐, 날마다 상자나 봉투 안을 확인하지는 마세요.

버릴 물건은 1년 이상 사용하지 않은 물건, 앞으로 사용할 계획이 없을 것 같은 물건, 먼지가 쌓여 있는 물건 등입니다. 낡은 키홀더, 옛

날에 수집했던 스티커나 캐릭터 상품 등 무엇이든 상관없습니다. 게임을 시작하면 바로 불필요한 물건이 발견됩니다.

정리정돈이 너무 힘들다고 토로하는 분들에게 제가 자주 권하는 방법입니다. 집안을 정리하겠다, 치우겠다는 생각은 멈추고 '필요 없는 물건 수색대'가 되어 집안 구석구석을 살피는 거지요.

'매일 열 개씩 버리기 게임'을 하면 정리하지 않았는데도 집이 놀랍도록 정돈되어 있다고 느끼는 순간이 반드시 찾아옵니다.

제가 이렇게 말해도, '하루에 열 개씩 버린다고 방이 바로 변하겠어?'라고 생각되시나요? 그렇다면, 간단한 계산을 해보겠습니다.

1주일이면 10개 × 7일 = 70개

10일이면 10개 × 10일 = 100개

1개월이면 10개 × 30일 = 300개

한 달만 지속해도 무려 300개의 물건이 방에서 사라지게 됩니다. 방이 정리되지 않는 가장 큰 원인은 물건이 너무 많다는데 있습니다. 하루에 열 개씩 버리기 게임의 효과는 10일 정도면 체감할 수 있습니다.

게임을 시작한 지 10일을 기점으로 지금까지 버리는 척했던 물건을 진짜 버립니다. 버릴 물건을 담아뒀던 상자나 봉투가 10일쯤 지나면 가득 차 있을 것입니다. 버릴 물건을 모아뒀던 상자나 봉투를 열어 안에 담긴 물건의 면면을 살피는 것도 좋습니다.

버릴 물건을 모았다가 버림으로써, 내 주변에 사용하지 않았던 물건이 얼마나 많았는지를 시각적으로 확인할 수 있어 효과적입니다.

칭찬 도장으로 성취감 Up!

혹시, 아이가 매일 꾸준히 지속하는 일이 있나요? 정해진 시간에 숙제한다, 애완동물을 돌본다, 꽃에 물을 준다 등 작은 일이라도 매일 지속하는 것은 지극히 어려운 일입니다. 이 '매일 열 개씩 버리기 게임'도 시작한 직후는 신선함에 즐겁게 하겠지만, 점점 지겨워질 수 있습니다.

어른이라도 무언가를 매일 지속하는 것은 매우 어렵습니다. 간단한 것일수록 지속하기 어렵습니다. 이점을 마음속에 새기고 아이가 조금 하기 싫어하더라도 다그치지 마세요. 대신 아이가 즐겁게 지속할 수 있도록 동기를 부여해주세요.

제가 권하는 방법은 달력이나 포인트 카드를 만들어서 스티커나 도장으로 'OK!' 표시하기입니다. 엄마와 아이가 경쟁하듯 버리기 게임

달력에 매일 열 개씩 버린 날은 스티커나 도장을 찍어줘. 아이가 게임처럼 필요 없는 물건을 버릴 수 있게 도와주세요.

을 한다면 아이의 승부욕을 자극해 동기부여를 할 수 있습니다. 어떤 약속이라도, 우선은 10일간 제대로 지키면 칭찬과 응원을 아낌없이 해주세요.

하루는 눈 깜짝할 사이에 지나가 버립니다. 그런 하루 중에 매일 반드시 하는 일을 집어넣는다는 것은 의미 없이 흘러가는 24시간 중에 책갈피를 끼워 넣는 것과 같습니다. 그냥저냥 시간에 쫓겨가는 게 아니라 자신이 시간을 효율적으로 조절한다고 느끼며 생활을 즐길 수 있게 되는 것이죠. '시작'하는 것이 정리의 문을 열고, '지속'하는 것이 정리의 첫걸음이 됩니다.

009

정리정돈의
마법을 거는
식탁 정리

고작 식탁이 뭐 대수라고 생각할지 모르지만, 식탁을 깨끗하게 정리하는 일은 큰 의미가 있습니다. 온 가족이 사용하는 식탁은 정리했을 때 누구나 알아채기 때문에 정리의 효과가 가족들에게 가장 잘 전달되는 공간입니다. 또한, 아이가 어릴수록 식탁은 책상보다 훨씬 효과적인 학습 공간이 됩니다.

식탁 위는 깨끗한가요?

아침, 저녁으로 가족이 모이는 장소인 식탁. 온 가족이 모이는 날은 주말뿐이라는 가정도 많겠지요. 식탁은 부모와 아이가 함께 모여 맛있는 식사를 하며 생각을 나누는, 가족에게 소중한 장소입니다.

지금 여러분의 식탁 위에 무엇이 놓여 있나요? 신문이나 잡지, 세금 고지서와 영수증, 학교에서 온 프린트물, 읽다 둔 책, 영양제, 물 마시고 둔 컵이나 조금 남은 과자봉지 등이 놓여 있지는 않나요? 여러 가지 물건이 식탁 위에 놓여 있는 탓에 불편하게 밥을 먹고 있는 가정이 사실 적지 않습니다.

집안 이곳저곳이 정리되지 않아서 힘드신 분들은 우선 식탁 위를 깨끗이 치우는 것부터 시작해 보시기 바랍니다. 다른 공간보다도 식탁이 쉽게 어질러지는 이유는 가족 모두가 공유하는 공간이기 때문입니다. 저마다 자신의 물건을 식탁 위에 올려두기 시작하면 식탁은 금세 물건들로 가득 차게 됩니다. 우선은 식탁 위를 깨끗이 비우는 것부터 시작해 보세요. 식탁 위에 쌓여 있던 물건을 '필요', '불필요', '이동'의 세 가지로 분류해 봅니다.

'필요'는 식탁에서 금방 사용하는 물건입니다. 티슈나 물컵 등이 있겠지요. 날마다 사용하는 물건이라도 식탁 위에 전부 올려두면 식사할 때 산만해지기 쉽습니다. 티슈, 물컵과 물병, 작은 화병 등 식탁 위에는 두세 가지 정도의 물건만 올려놓습니다. 오래된 프린트물이나 남은 과자봉지 등 '불필요'하다고 분류된 물건은 휴지통으로 직행입니다! 가족들의 개인용품이나 식탁에 있을 필요가 없는 물건은 각자의 방으로 '이동'하게 합니다.

식탁에서 당장 치워야 할 물건 1순위, 휴대전화

젊은 부모님들이라면 식탁 정리와 관련해서 추가로 당부드리는 게 있습니다. 바로 휴대전화를 절대 식탁 위에 두지 말라는 것입니다.

요즘은 식사할 때 식탁 위에 휴대전화를 올려두는 사람이 많습니다. 휴대전화를 힐끗거리며 식사한다거나, 어린아이가 있는 가정이라면 아이가 좋아하는 동영상을 틀어놓고 밥을 먹이는 모습도 종종 봅니다. 아이와 밥을 사이에 두고 전쟁을 벌이다 고육지책으로 생각해낸 방법이라는 것을 모르는 바는 아닙니다.

하지만 휴대전화를 식탁에 올려두는 행동은 비록 휴대전화를 사용하지 않더라도 가족 간의 대화를 방해합니다. 영국의 앤드루 프르지빌스키 교수는 휴대전화를 시야 안에 놔두는 것만으로도 대화에서 느끼는 친밀감, 신뢰감, 공감도가 떨어진다는 연구 결과를 발표했습니다. 식사는 가족 간의 친밀감을 높일 수 있는 소중한 시간입니다. 서로에게 집중할 수 있도록 식사할 때나 그렇지 않을 때나 휴대전화는 식탁에서 치워주세요.

식탁 위가 깔끔해지면 신기하게도 주방 전체가 깨끗해진 느낌이 듭니다. 학교에서 돌아온 아이도 "어떻게 된 거예요? 깨끗해졌네요!"라고 바로 알아챌 것입니다. **식탁은 정리한 순간 누구나 알아챌 수 있는 공간이므로, 정리 효과가 가족들에게 더 잘 전달됩니다.** "식사할 때 꼭 필요한 물건을 제외하고는 식탁에 두지 않도록 하자"라고 말해서 가족 모두가 식탁을 깨끗하게 유지하는 데 협력할 수 있도록 합니다.

'쾌적하다' '상쾌하다' '편리하다' '차분해진다' 등 식탁은 정리의 효과를 가족들에게 가장 잘 전달할 수 있는 공간이다.

깨끗해!!

공부 잘하는 아이는 식탁에서 숙제한다!

"초등학교 저학년부터 고학년이 되기 전까지는 부모가 보는 곳에서 공부하는 편이 성적이 잘 오른다"라는 말을 들어보신 적 있나요? 아이들은 부모가 곁에 있을 때 심리적으로 안정감을 느끼며 미지의 일에 도전하려는 경향이 있습니다. 공부는 미지의 세계를 탐사하는 과정입니다. 아이가 어리다면 방문을 닫아두고 혼자 공부하는 것보다는 열린 공간인 식탁에서 함께 이야기하며 공부하는 게 효과적일 수 있습니다.

노벨상 수상자의 30퍼센트를 배출한 유대인을 '지혜로운 민족'이라고 부릅니다. 교육전문가들은 유대인들이 다방면에 걸쳐 높은 성취를 이룬 비결로 '하브루타(havruta)'라는 그들만의 독특한 교육방식을 꼽습니다. 히브리어로 친구 또는 짝을 의미하는 하브루타는 나이 · 계급 · 성별에 관계없이 서로 짝을 이루어 토론을 통해 진리를 탐구하는 과정입니다. 유대인들은 식탁을 하브루타의 장으로 활용합니다. 평소 가족과 식사하며 활발히 토론하고, 그들의 안식일인 매주 금요일 저녁에는 온 가족이 식탁에 모여 몇 시간씩 토론하며 시간을 보냅니다. 아이가 식탁에서 공부하면 모르는 게 있을 때 질문하고, 부모가 설명해주는 과정에서 자연스럽게 토론으로 이어질 수 있습니다.

깨끗하게 정리된 식탁을 보고 아이가 "여기에서 숙제해도 돼요?"라고 물어보면, 공부하고자 하는 의지를 키울 기회입니다. 저녁 준비를 하는 동안 아이에게 질문도 하고 설명도 해주면서, 많이 칭찬해 주시기 바랍니다.

저는 식사를 준비하면서 아이에게 오늘 공부한 내용을 엄마에게도 가르쳐 달라고 부탁합니다. 그럼 아이는 신이 나서 재잘재잘 설명하기 시작합니다. "엄마, 최대공약수가 뭔지 아세요? 먼저 공약수부터 알려줄게요. 공약수는 어떤 두 수를 나누어 나머지가 생기지 않게 하는 공통된 수예요. 8이랑 12의 공약수는 1이랑 2, 그리고 4예요. 최대공약수는 공약수 중에 제일 큰 수예요. 그러니까 8이랑 12의 최대공약수는 4예요." "그럼, 8과 24의 최대공약수는 8이겠네." "와! 엄마 대단한걸요." "네 설명이 아주 쉬워서 금방 이해했어." 아이는 제게 설명하면서 오늘 배운 내용을 머릿속에 체계적으로 정리하고 복습하는 시간을 갖게 됩니다.

식탁이 깨끗하게 정돈되면 가족이 머무르는 시간이 저절로 길어지고 더 깊은 대화가 가능해지는 효과도 있습니다. 하지만 아이도 남편도 자기 물건을 잘 치우지 않는 경우에는, 의자에 개인용 수납공간을 만들어 둡니다. 등받이에 S자 고리를 달아서 봉지를 걸어 놓거나 의자 아래쪽에 바구니를 걸어두어 개인 물건은 일시적으로 거기에 두게 합니다.

고작 식탁이 뭐 대수라고 생각할지 모르지만 큰 의미가 있습니다. 가족이 전부 모여서 함께 즐겁게 식사하는 공간을 정리해 두면 가족에게도 긍정적인 효과가 나타날 것입니다. 식탁을 깨끗하게 하는 것은 아이에게 정리정돈의 마법을 거는 것과 같습니다.

010

정리정돈 바이러스의
전파력을 높이려면
눈에 띄는 공간부터 정리하라!

익숙한 공간이 깨끗하게 정돈되면 아이들은 정돈된 공간이 주는 쾌적함을 실감하게 됩니다. 이는 '행동의 방아쇠'가 되어 아이 스스로 정리정돈을 실천하게 합니다. 아이에게 치우라고 잔소리하기 전에 부모가 눈에 띄는 공간부터 정리해 무질서한 공간이 주는 불쾌함과 깨끗하고 질서 정연한 공간이 주는 쾌적함을 비교해 볼 기회를 마련해주세요.

집이 정돈되면 아이가 변한다!

처음 만나는 분에게 명함을 건네면, 많은 분들이 "정리 컨설턴트는 어떤 일을 하나요?"라고 질문하십니다. 정리 컨설턴트는 정리와 수납 방법에 관해 강연과 집필 등을 통해 교육합니다. 그리고 가정에 직접 방문해 정리를 도와주면서 의뢰인 스스로 정리할 수 있는 시스템을 정립해드립니다.

일전에 교육에 필요한 정리 효과를 시각적으로 보여줄 수 있는 '정리의 비포와 애프터 영상' 촬영을 위해 어떤 가정에 방문했습니다. 협조해주셨던 4인 가족(아빠, 엄마, 고1 장남, 초5 장녀)의 집은 교외에 있는 아주 멋진 단독주택이었습니다. 집은 언뜻 봐서는 아주 깨끗해 보였습니다. 하지만 창고와 다용도실 등 밖에서 보이지 않는 수납공간이 뒤죽박죽되어 제가 정리를 도와드리는 장면을 촬영했습니다.

안주인께서 "정리하지 않은 것이 수년간 계속 마음 한쪽에 체증처럼 남아 있더라구요"라고 말씀하시며, 문제의 공간으로 드레스 룸, 주방 수납장, 욕실 수납장, 거실의 장식장을 꼽으셨습니다. 많은 촬영 스태프가 협소한 공간에 들어가게 되니 평상시보다 정리하는 데 많은 시간이 필요했습니다. 네 곳을 정리하는 데 꼬박 3일이 걸렸습니다. 그 결과 모든 수납공간의 외관뿐만 아니라 사용성도 대폭 향상되었습니다.

안주인이 기뻐하신 것은 물론, 작업 후에 귀가한 장남과 장녀도 모두 깜짝 놀라며, "산뜻하고 사용하기도 편하네!", "새집 같아", "집이 넓어진 것 같아!"라고 말하며 몇 번이나 달라진 수납공간을 보러 다녔습니다.

며칠 후, 안주인으로부터 한 통의 전화를 받았습니다. "휴일에 아이 둘 다 방 정리를 스스로 하기 시작했어요! 지금까지 몇 번을 말해도 전혀 안 들었는데……." 안주인의 목소리는 기쁨으로 들떠있었습니다. 늘 사용하던 장소가 정리되자 공간이 정돈되면 얼마나 쾌적하고 효율적인지를 아이들이 실감하여, '행동의 방아쇠'가 되었던 것이죠.

현장에 있으면 이런 케이스를 자주 접합니다. 기분 좋은 '산뜻한 상태'도, 불쾌한 '뒤죽박죽 상태'도 가족에게 바로 영향을 미쳐서 퍼져갑니다. 어차피 그렇다면, 가정 내에 '산뜻함'을 유행시켜야겠다고 생각하시겠죠? 아이에게 "정리해!"라는 말만 반복하기 전에, 온 가족이 날마다 보는 주방 주변이나 세면대에 나와 있는 물건들을 정리해 보세요. 아이는 바로 '깨끗해졌네!'라고 눈치챌 것입니다.

정리정돈 바이러스를 전파하는 심리적 방아쇠

뇌는 크게 네 개의 부위로 이루어져 있습니다. 눈으로 본 것은 후두엽, 냄새는 측두엽, 촉감은 두정엽으로 전해지고 이 정보들은 모두 전두엽으로 모입니다. 전두엽은 정보를 종합해 해당 기억을 어떻게 사용할 것인지 계획합니다. 자신이 정한 기준에 따라 필요한 것과 필요하지 않은 것을 판단해 분류하는 정리는 일종의 조직화 능력으로, 전두엽이 관장하는 능력입니다. 전두엽은 우리 뇌에서 가장 늦게 발달합니다. 두세 살 무렵 본격적으로 발달해 스물다섯 살 정도까지 성숙합니다. 아이가 정리정돈에 서툰 것은 뇌과학적으로도 당연한 일입니다.

굳은 마음으로 다이어트를 계획했는데, 무심코 골목을 지나다 치킨집에서 풍겨 나오는 고소한 치킨 냄새에 결심이 와르르 무너졌던 경험 있으신가요? 이때 '치킨 냄새'처럼 우리가 알아채지 못한 사이에 생각과 행동을 바꾸게 하는 심리적 자극을 '트리거(trigger)'라고 합니다. 사전적 의미로 방아쇠를 뜻하는 트리거는 '심리적 방아쇠'라고 할 수 있습니다. 트리거는 긍정적 트리거와 부정적 트리거가 있습니다. 앞서 다이어트 계획을 무참히 무너트린 '치킨 냄새'는 부정적 트리거입니다. 반면 "요즘 몰라보게 예뻐졌네요"라는 주변 사람의 반응 때문에 다이어트에 박차를 가하게 됐다면, 주변인의 칭찬은 긍정적 트리거입니다. 사람, 사건, 환경 등이 모두 트리거가 될 수 있습니다. 특히 주변 환경은 인생에서 가장 강력한 트리거입니다.

아이에게 정리정돈 습관을 길러주기 위해서는 정리정돈에 서툰 아이를 재촉해서도, 부모가 대신 치워줘서도 안 됩니다. '아이는 정리정돈에 서툰 것이 당연하다'고 인정하고, 긴 안목을 가지고 아이를 이끌어야 합니다. 어지럽혀진 무질서한 공간이 주는 불쾌함과 깨끗하고 질서 정연하게 정돈된 공간이 주는 쾌적함을 비교해 볼 기회는 아이가 자발적으로 치우고 싶다는 생각이 들게 하는 긍정적인 트리거가 될 것입니다.

아이에게 정리 습관을 익히게 하고 싶다면, 부모가 자신의 주변 정리부터 시작해 보는 것을 권장합니다. 단, 욕심내지 말고 41쪽의 '정리의 최강 룰'에 따라, 작은 공간부터 도전해 보세요. 방이 깨끗해지면 생활이 안정되고, 아이의 공부 시간이나 부모의 독서 시간이 늘어나거나, 기분도 더욱 긍정적으로 바뀌기 마련입니다. 정리정돈이 집안의 붐이 되도록, 어른들이 먼저 시작해보세요.

011

신학기,
아이방을 리셋할
골든타임!

신학기는 아이에게 인생의 변곡점처럼 설렘과 두려움이 교
차하는 시기입니다. 그리고 아이 방을 대대적으로 정리정돈
할 절호의 기회기도 합니다. 아이 방은 '공부'나 '놀이' 등 공
간의 목적을 염두에 두고, 효율을 극대화할 수 있는 방향으
로 정리정돈 원칙을 세웁니다.

신학기, 정리정돈을 위한 절호의 기회!

시작은 설렘과 두려움이 교차하는 순간입니다. 아이에게는 신학기가 그런 시간입니다. 또 신학기가 되면 새로운 교과서와 책, 학용품 등 많은 새로운 물건이 아이 방에 찾아옵니다. 신학기는 주변을 정리정돈하며 두려움을 극복하고, 분위기를 전환할 수 있는 절호의 기회입니다.

부모님들께 "교과서는 언제까지 보관하면 되나요?"라는 질문을 많이 받습니다. 기본적으로는 전년도의 물건만 보관을 위한 공간에 남겨두고 나머지는 처분하는 것이 좋습니다. 하지만 아이가 좋아하는 과목은 그보다 더 오래된 것이라도 남겨 두어도 됩니다.

"음악 교과서는 좋아하는 노래가 있어서 버리기 싫어요", "역사 연대표나 지도는 가끔 보니까 필요해요" 등 물건을 정리하기 전에 아이의 의향을 반드시 확인하세요. 부모와 자식, 부부 등 아주 가까운 사이라도 이런 과정을 생략하면 트러블이 생길 수 있습니다.

'버리는 용기'를 꺾는 말은 금물

서적류의 취사선택이 끝나면, 문구나 소품류에서 사용하지 않는 물건을 정리하세요. '1년간 사용하지 않은 물건은 버린다'는 것이 정리의 대원칙입니다. 아이와 의논하여 사용하지 않은 물건을 구분해 보세요.

버릴 물건과
남길 물건을 분류할 때는
'1년 동안 사용하지 않은 물건은
버린다'처럼 기준을 알기 쉽고
단순하게 정해야 쉽고
빠르게 끝낼 수 있다.

'나중에 생각할래요' '지금 당장은 버리고 싶지 않으니까 그냥 가지고 있을래요'와 같은 미지근한 생각과 결별하고, 용기 있게 결단을 내리는 것이 쉽고 빠르게 정리하는 요령이라고 말해주세요.

아이가 심사숙고해서 사용하지 않는 물건을 선별했는데, 부모가 "이 필통 깨끗한데 버리긴 아깝잖아!" "할머니가 사주신 가방인데 벌써 버리는 거야?"라고 말해서 버리는 용기를 꺾으면 안 됩니다.

물건을 사용할 사람은 아이인데, 제삼자인 부모의 기준에 따라 "아까우니까 버리면 안 돼"라고 하는 것은 이치에 맞지 않습니다. 대신 "이거, 아직 깨끗하니까 엄마가 사용할까?" "빨간색과 노란색 물감만 채워 넣으면 더 사용할 수 있을 것 같은데, 엄마랑 낱개 물감 파는 곳을 알아볼까?"와 같이 조언해주세요. 하지만 이렇게 남겨둔 물건을 내버려두는 모습을 아이에게 보여줘서는 절대 안 됩니다.

버릴 물건과 남길 물건의 분류가 끝나면, 아이와 앞으로 이 방을 채울 새로운 물건들은 어떤 기준으로 선택할지 이야기 나누어보세요.

가장 쉬운 기준은 정리정돈과 동일한 '1년 안에 사용한다'입니다. 즉, '사용하지 않는 물건은 가지고 있지 않고, 사지도 않고, 받지도 않는다'입니다.

의식하지 않고 생활하면 집안의 물건은 금방 늘어나게 됩니다. 그것을 방지하려면, 무언가를 살(받을) 때, '내가 제대로 사용해 줄 수 있을까?'라고 자신에게 물어보고 나서 행동으로 옮기는 습관을 지녀야 합니다. 그 자문자답이 방을 깨끗하게 유지하는 최선책이 됩니다.

성적이 쑥쑥 올라가는 공부방 정돈 원칙

물건 버리기가 끝나면 물건의 자리를 정해주며 방을 정돈합니다. 방을 정돈할 때는 '공부하는 곳'이라는 공간의 목적에 부합하도록 몇 가지 원칙을 세웁니다.

| 공부방 정돈 원칙 |

▷ 책상 위에는 최소한의 물건만 둔다.

책상 위에는 책과 필기구 등 최소한의 물건만 두고 공부하지 않을 때는 깨끗하게 치워둡니다. 만화책, 사진, 장식품 등 공부에 방해될만한 물건은 아예 책상 위에 두지 않습니다. 아이가 정리정돈에 서툴다면 책상 아래에 큰 바구니를 마련해 공부를 시작하기 전에 필요 없는 물건을 모조리 담아 둡니다.

▷ 중독성이 강한 물건은 공부방에 두지 않는다.

휴대전화와 게임기, 태블릿 PC, 노트북처럼 중독성이 강한 물건은 거실 등 공용 공간에 두거나, 공부할 때는 부모에게 맡기도록 합니다.

▷ 시계를 두는 위치는 공부 스타일에 맞춰 조절한다.

'30분 책 읽기' '수학 공부 1시간'처럼 시간 단위로 학습계획을 세

위 공부하는 아이라면 책상이나 벽 등 눈에 잘 띄는 곳에 큰 시계를 걸어두면 도움이 됩니다. 스스로 시간을 체크하며 공부할 수 있기 때문입니다.

하지만 '문제집 5쪽 풀기' '영어단어 50개 외우기'처럼 학습량을 기준으로 계획을 세워 공부하는 아이라면, 시계는 책상에서 잘 보이지 않는 곳에 둡니다. 재깍재깍 소리가 나는 시계는 집중력을 떨어트릴 수 있으니 피합니다.

▷ 아이 스스로 일정을 표시할 공간을 마련한다.

아이가 하루 일과와 공부 계획을 세울 수 있는 공간을 마련해 주도적인 생활이 가능하게 돕습니다. 제 경우에는 아이방 안쪽 문을 일정을 표시하는 공간으로 뒀습니다. 아이가 학교에서 돌아오면 책상에 앉기 전에 포스트잇에 '수학 숙제 30분', '피아노 연습 30분'처럼 할 일과 예상 소요 시간을 적게 했습니다.

그리고 포스트잇을 일정에 맞춰 순서대로 문에 붙이고, 일정이

하나씩 끝낼 때마다 포스트잇을 떼게 했습니다. 수첩형 스케줄러
보다는 시각적 효과가 크고, 붙이고 떼는 재미가 있어 아이가 더
좋아했습니다.

방 정리가 끝나면 책상, 책장 등 깔끔하게 정돈된 상태를 사진으로
찍어 잘 보이는 곳에 붙여 둡니다. 아이들은 정리된 상태에 대한 개념
이 없는 경우가 많습니다. 시각적으로 참고할 수 있는 사진을 붙여 놓
으면 아이에게 정리의 개념을 심어주는 데 도움이 됩니다.

CHAPTER
3

머리가 좋아지는
정리정돈법

012

성적이 쑥쑥
올라가는
책상 정리법

책상이 어질러져 있으면 집중력도 떨어지고, 물건을 찾는 등 불필요한 데 시간을 쓰느라 공부 시간이 짧아질 수밖에 없습니다. '정리'는 추상적이며 주관적인 개념입니다. "정리 해!"라는 모호한 말 대신, 아이 혼자서도 쉽고 빨리 책상을 정리할 수 있는 구체적인 요령을 알려주어야 합니다.

"정리해!"라는 추상적인 말 대신
구체적인 방법을 제시한다!

책상 주변이 어질러져 있으면 정신이 산만해져서 공부에 집중할 수 없습니다. 또 필요한 물건을 찾느라 시간을 보내다 정작 공부 시간이 줄어들게 됩니다. 정리정돈 방법을 익혀두면 '지금은 무엇이 필요하고, 무엇이 필요하지 않은지', '무엇을 먼저 해야 하는지'와 같은 취사선택식 사고법에 자연스럽게 익숙해집니다. 이런 사고습관은 공부할 때 진가를 발휘합니다.

지금, 아이의 책상 위에는 어떤 물건이 놓여있나요? 펼쳐져 있는 채로 놓인 교과서와 노트, 연필, 도서관에서 빌려온 책, 휴대전화의 충전 케이블, 지우개 가루, 세탁해야 하는 손수건 등 다양한 물건들이 난잡하게 놓여있지는 않나요? 우선은 그것들을 분류해 봅니다.

아이에게 "사용하고 있는 물건은 책상 오른쪽에, 사용하지 않는 물건은 책상 왼쪽에 놔 볼래"라고 말하세요. 그러면 아이는 꽤 빠른 속도로 물건을 분류하기 시작할 것입니다. "정리해!"라는 말은 굉장히 추상적이고 주관적이라, 그 말을 들은 아이는 당황하기 마련입니다. 하지만 '사용하고 있다, 사용하고 있지 않다'로 구분하는 것은 사실에 입각한 분류 방법이므로 아이라도 쉽게 할 수 있습니다.

아이들은 대부분 처분의 천재

분류가 끝나면 "책상 오른쪽에 있는 물건은 ○○의 생활에 관계된 물건이지?", "왼쪽에 있는 물건은 지금 ○○에게는 그다지 필요 없는 물건이지?"라고 말을 꺼냅니다. 그러고 나서 "왼쪽에 있는 물건중에 처분할 수 있는 것 있니?"라고 물어봅니다. 그러면 아이들은 자신에게 필요한지 아닌지를 충분히 생각할 틈도 없이, 부모가 중단시키고 싶

어질 정도로 미련 없이 물건을 떠나보내기 시작할 것입니다.

아이는 어른과 달리 가격, 기능, 품질 등 물건의 가치에 영향을 잘 받지 않습니다. 그리고 자신의 물건이라도 구입을 결정하는 사람은 결국 부모이기 때문에 버리기를 통해 자신의 결정을 평가받는 것에서 자유롭습니다. 그래서 사실 아이들은 '처분의 천재'라고도 할 수 있습니다. 단, 개중에는 '아무것도 못 버린다'고 고민하는 아이도 있을 수 있습니다. 그런 경우에는 생각 중인 상자에 넣어 처분을 잠시 보류해 두세요(47쪽 참조).

반복을 통해 정리 습관이 몸에 배게 한다

다음에는 책상 오른쪽에 있는 물건을 정리합니다. 자주 사용하는 물건이 문구라면 가장 위쪽 서랍, 필기구라면 책상 위 연필꽂이, 교과서와 노트류는 꺼내기 쉬운 책꽂이 등의 장소에 지정석을 정해서 놓습니다. 만약 '서랍이 꽉 차서 아무것도 넣을 수 없다'라고 한다면, 다음날은 서랍을 정리하는 날로 정하세요. 서랍 한 칸만큼의 내용물을 책상 위에 전부 꺼내서 마찬가지로 사용하는지, 사용하지 않는지를 기준으로 좌우로 나누어봅니다. 그 후 오른쪽(사용하는 물건)에 있는 물건만 원래 자리로 되돌려 놓습니다. 시간이 없을 때는 연필꽂이나 필통만이라도, 같은 방법으로 정리해 보세요.

정리를 반복해 나가는 동안 '생활에 필요한 물건은 실제로는 그렇게 많지 않다', '물건이 적을수록 찾는 것도 간단하다'라는 것을 아이 자신도 자연스럽게 깨닫게 됩니다. 정리를 지속하는 비결은 작은 공간부터 도전하는 것입니다.

사실 이 정리 프로세스로 서랍, 벽장, 드레스 룸 등 모든 공간을 정리할 수 있습니다. 초등학생 때 이 정리법을 몸에 익혀두면 평생 가는 습관이 됩니다. 정리법을 반복하는 동안에 아이의 정리 스킬은 눈에 띄게 향상될 거예요.

| 아이도 금방 할 수 있는 책상 정리 요령 |

책상 주변에 있는 물건을 좌우로 나눈다.

왼쪽
사용하지 않는 물건

오른쪽
사용하는 물건

지금은 사용하지 않지만
바로 버릴 수 없는 물건

↓

'생각 중인 상자'로 이동

사용하지 않지만 보물

↓

'보물상자'로 이동

버려도 되는 물건,
파손된 물건

↓

휴지통으로 직행!

자주 사용하는
물건일수록 넣고
꺼내기 쉬운
장소에 수납

TIP

| 정리할 때 주의점 |

· 한 번에 전부 정리하려고 하지 않는다. '오늘은 책상 위', '내일 은 서랍' 등 조금씩 정리하는 것이 요령이다.

· 남겨두는 물건 분류는 대충대충 해도 좋다. 너무 세세하게 분 류하려고 하면 시간도 오래 걸릴 뿐만 아니라, 아이 혼자 정리 하기도 어려워진다.

· 정리 방법이 복잡하고 정리하는 데 시간이 오래 걸리면 아이 는 '정리는 어렵고 지루한 일이구나'라고 생각할 수 있다. 아 이 머릿속에 정리에 대한 부정적인 인식이 자리를 잡지 않도 록 정리 방법은 쉽고, 간단하고, 짧게 끝낼 수 있어야 한다.

· 정리하는 시간은 총 15~20분 정도가 적당하다.

013

자제력과 집중력을 끌어올리는 책상 주변 정리 요령

아이는 어른보다 자제력이 약한 반면 수용력이 뛰어납니다. 그래서 주변 환경에 쉽게 영향을 받습니다. 책상 주변에 조금 전 가지고 놀던 야구 글러브와 야구공이 나뒹굴고, 연필이나 지우개 등 학용품이 제자리를 찾지 못하고 늘 새로운 곳에 있다면 아이는 오롯이 공부에 집중하기 어렵습니다. 책상 주변을 정리하는 것만으로 학습 효율을 높일 수 있습니다.

문구류 : 연필, 지우개, 자, 컴퍼스 등

책상 위에 어질러져 있기 쉬운 작은 문구류는 '공부 박스'라고 상자를 하나 만들어 수납합니다. 들고 다닐 수 있도록 손잡이가 달려있고, 상자 안은 내용물을 분리해 넣을 수 있도록 칸막이가 되어 있는 것이 좋습니다. 플라스틱으로 되어 있는 공구 상자 같은 것을 권장합니다.

최근에는 아이 혼자 방에서 공부하게 하기보다는 주방이나 거실 등 공개된 장소에서 공부하게 하는 가정이 많아졌습니다. 하지만 여럿이 사용하는 공간일수록 정리정돈에 소홀해지기 쉽습니다. '내가 하지 않아도 누군가 정리하겠지'라는 이기심이 발동해 정리

문구류는 어디서 공부하든 이동하기 쉽도록 손잡이가 달려 있고, 종류별로 분류할 수 있는 칸막이가 되어 있는 상자에 보관하면 좋다.

정돈을 다른 사람에게 미루기 때문입니다. 그냥 두면 뒷정리는 항상 엄마의 몫이 될 수 있습니다.

공동 공간을 사용한 후 어떻게 정리해야 할지 규칙을 정해보세요. 아이 방 책상 정리에서와 마찬가지로 정돈된 상태를 사진으로 찍어서, 눈에 잘 띄는 곳에 붙여 두는 것도 좋습니다. "식탁을 사용한 후에는 이런 모습으로 정리합니다"와 같은 간단하고 알기 쉬운 정리 규칙을 적어서 말이지요.

어떤 장소에서 공부하든 공부가 끝나면 문구는 지정된 '공부 박스' 안에 넣는 것으로 어질러지는 것을 방지할 수 있습니다. 칸막이 부분이나 상자 바닥에 마스킹 테이프 등으로 '지우개', '연필' 등 들어가는 물건 이름을 적어서 '지정석'을 만들어두면, 정리

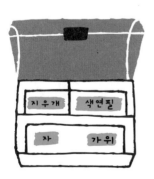

칸막이나 상자 바닥에 마스킹
테이프를 붙이고 물건 이름을
적어 '지정석'을 만든다.

하기 쉽고 물건 잃어버리는 것도 예방할 수 있습니다.

프린트물 등의 종이류 : 숙제, 교재, 안내장

학교나 학원에서 가져온 프린트물(교재)이
나 종이류는, 우선 크게 분류해서 파일 박스
에 나누어 담으세요.

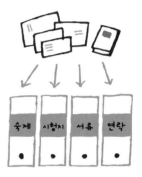

| 종이류 분류 항목 |

- 숙제

- 채점이 끝난 시험지

- 필요한 서류(소풍 안내장 등)

- 학부모에게 보내는 연락물 등

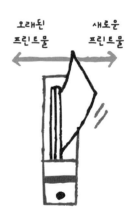

이때 약간의 요령이 필요합니다. 파일 박스에 프린트물을 넣을 때는 반드시 '오른쪽에서부터 넣는 것'을 원칙으로 합니다. 이렇게 하면 제일 오른쪽이 가장 새로운 프린트물이고 왼쪽으로 갈수록 오래된 프린트물입니다. 이렇게 정리하면 필요한 프린트물을 찾기도 쉽고, 또 필요 없는 프린트물을 처분하기도 쉬워집니다.

책장 : 책, 만화책, 도감, 사전 등

작은 책장도 서점처럼 '학습 코너', '취미 코너' 등 독서 목적에 따라 코너를 만들어서 책 넣는 장소를 나눕니다. 코너를 정했으면 책장에 코너 이름을 적은 팻말을 붙입니다.

제 경우에는 통장 케이스를 재활용해 팻말을 만듭니다. 새로운 통장을 만들면 대게 손바닥만 한 크기의 투명 케이스에 넣어줍니다. 통장을 재발급받거나 적금이 만기 되어 통장을 폐기하면 빈 케이스만

남게 되는데요. 통장 케이스는 규격도 일정하고, 통장을 넣을 수 있도록 오른쪽 또는 위쪽이 뚫려있어 팻말로 활용하기 안성맞춤입니다. 종이를 통장 크기로 자른 후 코너 이름을 적어서 통장 케이스에 넣고 양면테이프 등으로 책장에 붙입니다. 코너 이름이 바뀌면 종이만 교체하면 되니 관리도 간편합니다.

큰 카테고리에 해당하는 코너를 정했으면, 코너 안에서도 만화책, 도감과 사전 등 장르별로 책을 다시 분류합니다.

읽은 책은 반드시 원래 장르 쪽에 꽂아 놓는 것이 정리정돈의 원칙입니다. 프린트물과 마찬가지로 다시 꽂아 놓을 때는 오른쪽에서부터

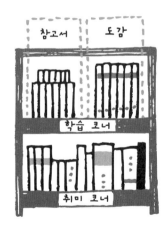

꽂습니다. 그리고 자주 읽는 책은 아이 눈높이에 배치하면 넣고 빼기가 더 쉬워집니다(책장 정리 요령은 71쪽을 참고하세요).

취미 관련 물건 : 게임 소프트웨어, 수집물, 작품 등

휴대용 게임기는 넣고 빼는 일이 빈번하므로 가방에 넣어 두는 것을 권장합니다. 자주 사용하는 게임 소프트웨어와 함께 '게임용 가방'에 넣고, 가방을 두는 장소를 정해 두세요. 아이가 부모 몰래 게임기를 붙들고 있는 게 염려된다면, 게임용 가방은 거실 수납장 등 공동 장소에 두세요.

요즘 가정에서 TV보다 더 심각한 중독 매체는 휴대전화입니다. 특히 음악 감상부터 독서, 동영상 시청, 검색, 게임까지 모든 게 다 되는 스마트폰이 빠른 속도로 보급되면서, 스마트폰을 손에서 놓지 못하는 아이들이 늘고 있습니다.

휴대전화는 될 수 있으면 책상에서 먼 곳에 둡니다. 그리고 집안에서 휴대전화를 사용할 수 없는 금지 구역과 사용 금지 시간을 정해두는 것도 휴대전화 사용 시간 조절에 도움이 됩니다.

저희 집은 온 가족이 집에 들어오자마자 휴대전화를 꺼내 거실 수납장 위에 올려둡니다. 식탁, 방, 화장실은 휴대전화 사용 금지 구역입니다. 밤 10시 이후에는 한 사람도 빠짐없이 전원을 끈 후 휴대전화를 거실 수납장 위에 올려둡니다. "그룹 과제 때문에 친구들과 채팅해야 해요." "동영상 강의를 봐야 해요." 등의 이유를 들며 아이는 끊임없이 규칙을 깨려 하지만, 그래도 규칙이 없었을 때보다 휴대전화 사용 시간이 현저히 줄어들었습니다.

피규어 등 아이가 수집하고 있는 물건이나 그림, 공예 작품이 있

휴대용 게임기는 '게임용 가방'을 만들어 넣어두고, 피규어 등 장식품은 진열 공간을 만들어 정리한다.

다면, 진열하기 위한 공간을 만들어 진열해 둡니다(자세한 내용은 133쪽

참조).

스포츠 용품 : 공, 야구 도구, 줄넘기 등

　부피가 커서 수납하기 어려운 스포츠 용품은 넣는 장소를 정해 두

고, 사용하면 반드시 그 자리에 놓습니다. 야구공과 글로브 등 함께 사

용하는 것은 가까이에 둡니다. 그리고 유니폼이나 수건 등은 옷을 보

관하는 서랍에 넣기보다는 스포츠 가방에 수납합니다. 가방을 스포츠

용품 가까이에 두면 가지고 나갈 때도 편리합니다.

스포츠 용품은 수납 장소를
지정해두고, 함께 사용하는
물건은 가까이에 둔다.

학원 도구 : 보습 학원, 피아노 학원, 서예에 사용하는 도구 등

학원에 갈 때 가지고 가는 문구 등은 언제나 같은 가방에 넣어 둡니다. '숙제나 연습이 끝나면 바로 전용 가방에 넣어 둔다'고 정해 두고 지키면, 물건을 잃어버리는 것을 방지할 수 있습니다.

학원 도구는
전용 가방에 보관!

○○피아노학원

아이 스스로 사물의 분류 기준을 세우며 논리력 향상

책상 주변을 정리하는 큰 틀은 그룹 분류와 파일링, 그리고 물건의 지정석 정해주기입니다. 뒤죽박죽된 물건과 프린트물에서 공통된 성질을 찾아 종류별로 가르고 묶는 일은 논리력을 향상하는 데 도움이 됩니다. 같은 색깔, 같은 형태, 같은 종류 등 비슷한 것끼리 짝을 찾는 놀이의 확장된 버전이라고 볼 수 있지요.

분류하는 과정에서 아이의 개성을 엿볼 수 있기도 합니다. 책을 크기별로 정리하는 아이가 있는가 하면 색상별로 정리하는 아이, 가나다순으로 정리하는 아이 등 아이들의 생김새만큼이나 분류 방법도 각양각색입니다. 아이가 세운 분류 기준을 옳고 그름이나 효율성이라는 잣대로 평가하지 말아 주세요. 시행착오를 통해 더 나은 방법을 찾는 일은 온전히 아이의 몫이자, 배움의 과정입니다. 아이 스스로 라벨을 붙이거나 정리정돈 법칙을 정하면 자주적으로 정리할 수 있게 됩니다(라벨링 방법은 162쪽 참조).

014

학교와 학원 갈 때마다
가방 싸느라 꾸물거리는
아이를 위한 처방

학교나 학원을 가기 전에 매번 가방을 싸느라 꾸물거리는 아이들이 있습니다. 좀 미리미리 챙겨두면 좋으련만……. 공부하러 가기 전 아이의 기분을 망칠까 봐 혼도 못 내고, 엄마의 속은 타들어 갑니다. 평소 그룹 짓기를 습관화하면 아이 방이 깔끔하게 정리정돈되는 것은 물론, 가방 싸는 시간이 획기적으로 단축됩니다.

물건을 찾아 헤매는 일도, 깜빡하고 안 가져오는 일도 단박에 없애는 '그룹 짓기'

학년이 바뀌는 봄이 되면 새로운 교과서나 학용품들이 생겨납니다. 물건이 늘어나면 정리정돈은 필연적으로 힘들어집니다. 정리하는 수고를 줄이는 데 도움이 되는 편리한 분류 기술이 '그룹 짓기'라는 방법입니다. 어려울 것은 하나도 없습니다. '같이 사용하는 물건을 함께 둔다'는 원칙만 기억하면 됩니다.

학교에서 사용하는 교과서나 문구류는 책상에 제자리를 정해 수납합니다. 학원이나 취미 활동에서 사용하는 물건은 각각의 가방을 정해서 다 사용하고 나면 꼭 거기에 넣도록 합니다. 학원 숙제가 끝나면 바로 '학원 가방' 속에, 피아노 연습이 끝나면 악보를 바로 '피아노 레슨 가방'에 넣는 것이지요. 이것이 습관으로 자리 잡으면 물건을 어디 두었는지 몰라 찾아 헤매는 일도, 물건을 잃어버리는 일도 극적으로 줄어들게 됩니다. 학원에 갈 때는 그대로 그 가방만 들고 가면 되지요.

그룹 짓기할 때 주의점도 있습니다. 그룹 짓기의 효과를 최대로 끌어올리기 위해서는 필통이나 지갑, 휴지 등 항상 사용하는 물건은 가방마다 전용 물건을 준비해 둡니다. '학원 전용 필통'이 항상 학원 가방 안에 들어 있으면, 방과 후 책가방에 있는 필통을 학원 가방으로 옮겨 담을 필요가 없습니다. 그럼 깜빡하고 필통을 안 가져가는 일도 없어지지요.

외출할 때 물건을 찾거나 깜빡 잊고 안 가져가서 다시 가지러 가는 행동은 아이의 마음을 불안정하게 합니다. 공부에 침착하게 집중할 수 없게 만들 뿐만 아니라, 예상치 못한 위험으로까지 연결되는 경우도 있습니다. 이런 위험을 예방하기 위해서라도 부모가 그룹 짓기를 활용해 아이가 원활하게 공부할 수 있는 시스템을 만들어 주세요.

Thank you!

그룹 짓기의 효과를 시험할 수 있는 조식 세트

'그룹 짓기가 그렇게 편리한 거야?'라는 의심이 드신다면 우선 '조식 세트'로 시험해 보세요. 아침식사로 빵을 드시나요, 밥을 드시나요? 아니면 그때그때 다른가요? 여러분 가정의 상황에 맞춰서 '빵 세트', '밥 세트'를 만들어 보세요.

| 조식 세트 |

- **빵 세트** : 버터, 잼, 치즈, 드레싱, 시리얼, 우유나 주스 등
- **밥 세트** : 김치, 마른반찬, 장아찌, 구운 김 등

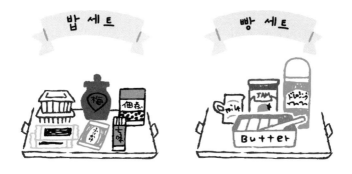

매일 아침 식탁에 올라오는 음식을 '빵 세트', '밥 세트'로 구성해서 각각 쟁반에 담고 그대로 냉장고에 넣어 두면 완성됩니다.

조식 세트는 음식점에서 아이디어를 얻은 그룹 짓기 방법입니다. 식사시간마다 많은 손님으로 붐비는 음식점에 가보면 테이블에 기본 반찬을 미리 내어두거나, 1인용 쟁반에 메인 음식을 제외한 기본 반찬을 담아 차곡차곡 쌓아두는 것을 볼 수 있습니다. 이렇게 해두면 손님이 한꺼번에 밀어닥쳐도 빠른 서비스가 가능해집니다.

가정에서도 조식 세트는 식사 준비 시간을 단축해주고 식사 시간을 쾌적하게 해줍니다. 조식 세트를 활용하면 바쁜 아침 시간에 몇 번이나 냉장고 문을 여닫을 필요 없이 한 번에 필요한 음식이 테이블 위에 올라게 됩니다. 치울 때도 한 번에 끝나서 아이나 다른 식구들한테 "조식 세트 치워줄래"라고 부탁하면 간단하게 도움을 받을 수 있다는 것 또한 장점입니다.

015

대견하지만
처치 곤란한
아이 작품 정리법

아이들이 그린 그림이나 종이접기, 점토와 같은 미술 작품들을 어떻게 정리하면 좋을까요? 계속 쌓아두자니 처치 곤란한 짐이고, 그렇다고 해서 아이 몰래 버리자니 마음에 걸립니다. 아이의 성장을 확인하고, 아이의 자신감을 키우면서 집안도 쾌적하게 정리하는 방법을 알아보겠습니다.

아이 작품은 '진열'하는 것을 목적으로 정리한다!

아이들은 모두 예술가입니다. 상상력이 듬뿍 담긴 예술 작품을 만들고 대량의 작품들을 학교에서 집으로 가지고 옵니다. 특히 종업식 날에는 양손 가득 자신의 작품을 들고 오지요. 아이가 새로운 작품을 가져 왔을 때 둘 곳이 없어 허둥지둥하기 전에 미리 대처 방법을 생각해두세요.

아이의 성장이 눈으로 보이는 그림이나 공작물은 부모 입장에서는 모두 다 사랑스럽기 그지없습니다. 하지만 빠른 속도로 늘어나는 아이의 작품을 전부 가지고 사는 것은 현실적으로 불가능합니다. 아이가 열심히 만든 건데, 추억이 있는 건데 등 이런저런 이유로 정리하지 못하고 계속 남겨둔다면 처음에는 대견하게 느껴졌던 아이 작품이 처치 곤란한 짐으로 전락하고 맙니다.

아이 작품은 집안에 '진열'하는 것을 목적으로, 무엇을 남길 것인지 우선순위를 정합니다. 다시 한 번 말씀드리지만 '보관'이 아닌 '진열'이 목적입니다. 보관을 염두에 두고 작품을 고르다 보면 남겨두는 작품의 양이 늘어납니다. 또 버리지 않고 남겨 놓은 작품은 '보관함'이라고 이름 붙인 상자 안에 방치되었다가, 결국 쓰레기가 되고 맙니다. 아이와 '진열하기 위해서 남겨 둘지', '진열하지 않고 처분할지'를 의논하면서 정해 보세요.

이때, 외관상 잘 만들어진 것과 그렇지 않은 것 등 미학적 잣대로 부모의 판단에 따라 아이 작품을 처분해서는 절대 안 됩니다. 부모가 아이의 창작 활동을 소중하게 여기면 아이도 자연스럽게 그 가치를 깨달으며 성장합니다.

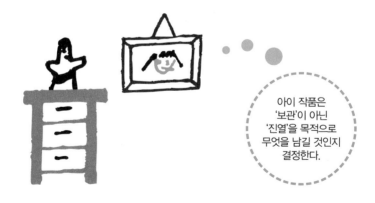

아이 작품은
'보관'이 아닌
'진열'을 목적으로
무엇을 남길 것인지
결정한다.

부모의 사소한 행동과 말 한마디가 아이의 자존감을 떨어뜨리고 상처로 각인될 수 있습니다. 조금 번거롭고 시간이 오래 걸리더라도 반드시 아이와 함께 분류 작업을 하세요.

집안에 아이만을 위한 갤러리 꾸며주기

우선, 아이가 마음에 들어 하는 작품, '우리 아이가 이런 걸 만들 수 있게 되었구나!' '이런 생각을 했네!' 등 부모로서 칭찬해 주고 싶은 작품을 골라서 '집안 갤러리'를 꾸밉니다.

갤러리라고 해서 그렇게 거창한 것은 아닙니다. 거실 한쪽이나 현관 옆의 벽, 아이 방의 낮은 가구 위 등의 공간을 'ㅇㅇ(아이의 이름) 갤러리'로 만들고, 계절별로 작품을 바꿔서 진열하면 됩니다.

아이의 그림은 액자에 넣으면 놀랄 만큼 예술적으로 보입니다. 유리가 없는 가볍고 저렴한 가격대의 액자는 어디에서든 쉽게 구할 수 있으니 크기 별로 구입하면 좋겠지요. 수납장이나 조그만 의자 위에 테이블 매트 하나만 깔아둬도 멋진 전시 공간이 됩니다.

전시하는 작품은 아이에게 작품 설명을 직접 쓰게 해서 함께 전시해보세요. 작품을 만들 때 아이가 떠올렸던 생각이나 감정을 글로 옮겨보는 것은 생활 속에서 할 수 있는 훌륭한 글쓰기 훈련입니다.

작품의 교체 시기는 아이가 새로운 작품을 완성했을 때입니다. 전시했던 작품은 사진으로 찍어 보관하고 버립니다. 충분히 전시하고 나면

아이들도 버리는데 크게 주저하지 않습니다. 만일 버리기를 망설이는 작품이 있다면, 생각 중인 상자에 넣고 버리기를 잠시 미룹니다.

진열하지 않고 처분하기로 결정한 작품은 아이에게 들게 해서 그 자리에서 사진을 찍습니다. 촬영한 사진은 '○○ 작품 폴더'를 만들어 컴퓨터에 저장해 두세요. 작품과 함께 아이의 성장도 동시에 기록할 수 있습니다. 다음 해에 비교해 보는 것이 벌써 기대되는 사진이 되겠지요.

작품을 진열함으로써 아이는 부모의 애정을 느낀다

학력은 지식을 머릿속에 집어넣기만 하면 향상되지 않습니다. 진열된 자신의 작품을 매일 눈으로 보고 때때로 가족의 대화에서 화제가 되곤 하다 보면, '우리 부모님께 나는 소중한 존재구나', '부모님이 나를 이해하시는구나'라고 아이는 자연스럽게 느끼게 됩니다. 아이는 자존감과 부모에 대한 신뢰감을 주춧돌 삼아 안정적으로 공부할 수 있게 됩니다.

갤러리의 작품을 보고 많이 칭찬해 주세요. 어떤 기분이나 의도로 만들었는지도 질문해 보세요. 아이는 자신을 아껴주고 존중해 주는 부모와 건강한 관계를 형성합니다. 부모로부터 칭찬을 받은 아이는 '무엇이든 할 수 있다'는 잠재의식이 형성돼 도전 의식이 생기게 됩니다.

이 세상에 단 하나뿐인 집안 갤러리는 부모가 아이의 '현재'를 놓치지 않고 온 가족이 즐거운 대화를 이끌어 갈 수 있는 소중한 공간입니다.

016

수납이 고민이라면,
아이와 함께
'칸막이꾼'이 되어 보자!

"우리 아이 책상 서랍은 정리시켜도 금방 뒤죽박죽 돼버려요"라고 한탄하는 분이 많습니다. 서랍은 여닫는 과정에서 내용물이 움직이므로, 수납 방법에 살짝 고민이 필요합니다. 이번에는 머리를 쓰면서 즐겁게 정할 수 있는 수납의 기본 룰에 대해서 이야기해 보겠습니다.

퍼즐을 맞추듯이 공간을 '나눈다'

정리의 최강 룰이 '물건 수를 줄인다'였다면, 수납의 최강 룰은 '공간을 나눈다(구분한다)'입니다. 공간을 잘 나누면 누구든 잘 흐트러지지 않게 수납할 수 있게 됩니다. 서랍 한 칸부터, 책장 · 의류 서랍장 · 벽장 · 드레스 룸에 이르기까지 모두 그야말로 '공간'이므로, '칸막이꾼'이 되면 어떤 장소라도 수납이 쉬워집니다.

우선, 작은 공간부터 나누기에 도전해보세요. 책상 서랍을 예로 공간 구분 과정을 찬찬히 짚어 나가 보겠습니다.

| 서랍 공간 나누기 |

서랍을 빼서 바닥에 신문지 등을 깔고
내용물을 모두 꺼내 놓는다.

⬇

사용하지 않는 물건(기준은 1년)은 지금 당장 처분한다.

⬇

서랍에 넣고 싶은 물건의 양이나 형태를 보고,
어떻게 분류할지를 대략 그려본다.

⬇

구상에 따라 서랍을 상자나 수납함 등으로 채워 나간다.

그렇습니다. 공간을 나누는 작업은 기하학적인 퍼즐 맞추기와 비슷

합니다. 어떤 식으로 상자나 수납함을 조합해

서 공간을 나눌지, 아이와 함께 지혜를 짜내 보

세요. 물론, 정답이 하나만 있는 것은 아닙니다.

어떻게 머리를 짜느냐에 따라서 여러 가지 답이

있습니다. 의외로 아이에게서 좋은 아이디어가

많이 나올 수도 있습니다.

어떤 공간이라도 착착 나눈다

서랍과 같은 납작한 공간을 세세하게 나누는 것 외에도, 아래와 같

은 방법이 있습니다.

① 공간을 상하로 나누고 싶은 경우는 ㄷ자 모양 칸막이를 사용

　한다.

② 공간을 좌우로 나누고 싶은 경우는 파일 케이스 등을 나란히

　놓는다.

③ 안이 깊은 공간을 나누고 싶은 경우는 입구 쪽과 안쪽에 상자

　등을 나란히 놓는다.

ㄷ자 칸막이

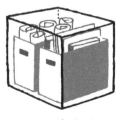
파일 케이스

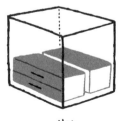
상자

수납을 위해 수납용품을 사지 마라!

이 세 가지 방법만 기억해서 조합하면, 실제로 어떤 공간이라도 모두 나눌 수 있습니다. TV의 수납 프로그램이나 수납 방법을 자세히 설명하는 책에는 꽤 복잡한 기술이나 수납용품이 나오는데요. 수납의 기본은 사실 지극히 단순한 것입니다.

정리정돈을 시작하기 전에 수납용품부터 사는 사람들이 있습니다. 옷장의 공간을 효율적으로 나누어 준다는 공간박스, 속옷이나 양말을 하나씩 넣는 전용 수납함, 서랍을 여러 칸으로 나누어주는 바구니, 내용물이 보여 음식을 찾기 쉽게 해준다는 냉장고 수납 용기 등. 이런 수납용품을 사면 집이 저절로 깔끔해질 것 같은 최면에 빠집니다.

고객의 집을 방문해보면, 종종 한꺼번에 많은 수납용품을 사서 '수납용품'을 '수납'하는 이상한 모습을 봅니다. 수납용품을 먼저 찾는 이유는 두 가지 정도일 것입니다. 하나는 수납 방법을 잘 모르기 때문이고, 다른 하나는 TV 프로그램이나 SNS에서 소개하는 '보여주기식 수납 방법'에 익숙해 있기 때문입니다.

단언컨대 수납용품이 수납 방법을 알려주고 정리정돈 습관까지 만들어주지는 못합니다. 신발 상자, 화장품 상자 등 이런저런 포장 상자 등을 활용해 정리정돈을 해보고 필요한 제품을 사도 늦지 않습니다. 내가 산 물건의 보관과 정리를 위해 또 돈을 쓰지 마세요.

지금 가지고 있는 물건들을 퍼즐처럼 조합해 '칸막이꾼'이 되는 게, 아이의 창의력 발달과 소비에 대한 바른 개념을 잡아 주는 데도 훨씬 도움이 됩니다.

017

아이 혼자서도
등교 준비
신속하게 착착!

아침마다 아이 등교 준비로 전쟁을 치른다는 부모님들이 많습니다. 아이가 하는 대로 내버려두자니 준비 시간이 하염없이 길어지고, 매번 도와주자니 자립심이 부족해지지 않을까 고민됩니다. 아이의 동선과 수납 방법을 고려해 등교 준비 패턴을 만들면, 아이 스스로 준비할 수 있을 뿐만 아니라, 준비 시간도 놀랍도록 단축할 수 있습니다.

'드라이브스루'를 도입하면
아이 혼자서도 등교 준비를 한다!

아이의 등교 준비, 어떻게 하고 계신가요? 어머니가 옷이나 소지품을 준비해 주고 계신가요? 아이가 어리거나 저학년일 경우 "우리 아이는 아직도 혼자서는 아무것도 못해요"라든가, "아이가 하는 대로 뒀다가는 지각할 것 같아서 아무래도 도와주게 돼요"라고 말하는 분들이 많습니다. 하지만 동선과 수납 방법을 약간만 고민한다면 아이 스스로 등교 준비를 할 수 있게 됩니다.

패스트푸드로 익숙한 드라이브스루(drive-through). 드라이브스루는 차에 탄 채로 주문해서 계산하고 음식을 받는 쇼핑 방법입니다. 차에서 내릴 필요도 없고, 주문에서 물건 수령까지 짧은 시간에 끝나 매우 편리합니다. 음식점의 드라이브스루를 바쁜 아침 등교 준비에 응용해 보세요.

아이의 생일이나 신학기 등 기념이 될 만한 특별한 날을 '아침 준비 드라이브스루를 시작하는 날'로 정해서 사전에 아이에게 말해 두세요.

"이제 ○○는 자기가 할 일은 스스로 할 수 있겠지? 아침 준비를 순서대로 착착 해보자!"라고 이야기하고, 개시일까지 옷 갈아입기 등의 준비를 어디에서 할지를 아이와 의논해서 결정합니다. 아침 준비 드라이브스루의 경로는 매일 아침 아이의 동선입니다. 예를 들면 이런 식입니다.

| ○○이의 아침 준비 드라이브스루 계획 |

아이 방에서 기상

거실 화장실 세면대에서 세수

아이 옷이 있는 방에서 옷 갈아입기

아이 방에서 책가방과 소지품 챙겨 나오기

주방에서 아침식사

준비 완료!
"다녀오겠습니다!"

　이동 거리를 짧게 하는 것이 아침 준비 드라이브스루를 계속 유지할 수 있는 비결입니다. 아이 옷을 수납하는 곳과 아이가 옷 갈아입는 장소를 되도록 가깝게 설정합니다.

　'옷은 아이 방에서 갈아입어야 한다', '옷은 전날 밤에 준비해서 머리맡에 두어야 한다'와 같은 고정관념은 버리세요. 아이 옷이 담긴 서랍장이 있는 방을 매일 아침을 준비하는 공간으로 해도 좋고, 옷장이 있는 부모의 침실에서 갈아입어도 됩니다. 물론, 아이 방에 옷장이 있으면 동선이 짧아지겠지요.

START

GOAL

다녀
오겠습니다!

아이 방
기상

세수
욕실

서랍이
있는 방
옷 갈아입기

동선과
수납 방법을
약간만 고민한다면
아이 스스로
등교 준비를 할 수
있게 됩니다.

아침식사
주방

소지품
가지고 오기
아이 방

수납 장소와 수납 방법을 아이의 시선에서 검토한다!

동선이 정해지면, 아이의 의류 수납 장소에 대해서 한번 고민해 봅니다. 기준은 단 하나입니다. '아이가 사용하기 편한가?'입니다. 옷장이라면 아이가 의류를 꺼낼 수 있는 높이의 공간을 제공하고, 성장에 따라 위치를 조절해 주세요.

그리고 서랍에 옷을 수납할 경우에는 서랍의 70~80퍼센트만 옷으로 채웁니다. 서랍에 옷이 꽉꽉 채워져 있으면 아이 혼자 꺼내기 힘들어집니다. 되도록 옷 개수를 줄이고, 원하는 옷 한 장만 쏙 꺼낼 수 있도록 해 둡니다. 칸막이 등의 수납 아이템으로 공간을 구분하면 꺼내기 더 쉬워지겠지요.

저학년의 경우는 ① 티셔츠 ② 스커트 / 바지 ③ 양말 등 옷 입는 순서와 내용물을 적어 서랍에 라벨링해 주는 것도 좋습니다.

동선과 수납의 사용성, 이 두 가지만 고민하면 아이가 스스로 준비할 수 있는 환경이 만들어집니다. 매일 아침의 준비 드라이브스루가 익숙해지면, 숙박 일정이 있는 견학이나 여행 등도 아이 스스로 생각해서 준비할 수 있게 됩니다. 스스로 할 수 있는 것이 늘어나면 그것이 자신감으로 연결되어 공부의 토대가 됩니다.

부모가 해주면 빨리 끝낼 수 있을지라도 아이가 할 수 있는 것은 조금씩 본인에게 맡기는 것이 중요합니다. 부모의 역할은 아이가 자립하기 쉬운 단순한 구조와 가정 내 시스템을 생각하는 것이며, '스스로 생각해서 결정'할 기회를 자주 마련해 주는 것입니다.

계절에 맞지 않는 옷을 입겠다고
고집부리는 아이를 위한 처방

한번은 매일 아침 아이와 옷 때문에 실랑이를 펼치느라 지친다는 고객을 만났습니다. 자세한 이야기를 들어보니 아이가 영하의 날씨에

하늘하늘 거리는 여름 원피스를 입고 학교에 가려고 하거나 해가 쨍쨍 내리쬐는 데 장화를 신고 가겠다고 고집을 피운다는 내용이었습니다. 아이 키우는 집이라면 비슷한 경험을 합니다. 어른들은 경험을 통해 일기예보의 수치만 봐도 바깥이 어느 정도 추우니 어떤 옷을 입어야 할지 압니다. 하지만 아이들은 아직 거기까지 판단이 미치지 못합니다. 아이들은 종종 실내가 따뜻하면 밖도 따뜻할 것으로 생각합니다. 부모가 아무리 일기예보 등을 근거로 설명해도 이해하지 못하기도 합니다.

아이가 계절에 맞지 않는 옷을 고집해서 곤란하다면, 아침 준비 드라이브스루에서 옷을 입기 전에 아이가 바깥 온도를 직접 느낄 수 있는 동선을 넣어주세요. 밖에 놓인 신문이나 우유를 아이가 들고 온다거나, 아침에 일어나면 방문을 활짝 열어 환기를 시킨다거나 하는 과정을 넣는 것이지요. 바깥 온도를 몸으로 느끼면 아이의 막무가내식 고집도 줄어듭니다.

018

전교 1등
노트 정리법

학습 후 8시간이 지나면 배운 내용의 절반을 잊어버리고, 24시간이 지나면 66퍼센트를 잊어버린다고 합니다. 인간의 기억력은 한계가 있으므로 오래 기억하려면 단기기억을 장기기억으로 전환하는 과정이 필요합니다. 디지털 학습 환경이 아무리 잘 조성됐다 해도 노트 정리만큼 효과적인 지식 정리 방법은 없습니다.

도쿄대 합격생들의 노트 정리 3원칙

정리정돈은 물건과 공간뿐만 아니라 생활 전반에서 질서를 찾는 일입니다. 정리하는 주체가 공부하는 학생이라면, 지식을 정리정돈하는 일이 무엇보다 중요하겠지요.

요즘은 디지털 학습 환경이 잘 조성되어서 노트 정리를 등한시하는 경향이 있습니다. 하지만 눈으로만 공부하면 내용을 완벽하게 이해할 수도 없을 뿐만 아니라, 학습량이 많아졌을 때 한계에 부딪히게됩니다.

독일의 심리학자 헤르만 예빙하우스 교수의 '망각곡선' 연구에 따르면 학습 후 63분이 지나면 배운 내용의 절반을 잊어버리고, 24시간이 지나면 66퍼센트를 잊어버린다고 합니다. 인간의 기억력은 한계가 있으므로 오래 기억하려면 단기기억을 장기기억으로 전환하는 과정이 반드시 필요합니다. 노트 정리는 지식을 체계화하고 기억을 돕는 훌륭한 보조 장치입니다. 도쿄대 합격생들을 대상으로 한 조사와 합격 수기에서 반복적으로 발견되는 노트 정리 패턴을 뽑아봤습니다.

▷ 수업용과 정리용, 두 개의 노트를 사용한다.

수업용 노트에는 선생님이 강의한 내용을 토씨 하나 빠트리지 않는다는 생각으로 필기합니다. 수업 중에 잠깐이라도 웃고 넘어갔던 선생님의 농담이 있으면, 이 또한 받아적습니다.

수업용 노트는 수업 내용을 충실히 기록해두는 용도이니, 수업 내용을 받아 적는 검은색 펜과 선생님이 강조한 내용을 표시해두는 형광펜 이렇게 두 개의 펜만 사용해 필기합니다. 색을 바꿔가며 필기하다 보면 자칫 수업 내용을 놓칠 수 있기 때문입니다. 같은 이유로 수업용 노트의 글씨는 휘갈겨 쓰는 정도라도 상관없습니다.

'인간 타자기'도 아니고 수업 내

용을 다 받아적는 건 지나치다고 생각하는 분도 계실 것입니다. 수업 내용을 꼼꼼히 필기하려고 애쓰다 보면 수업에 집중할 수밖에 없습니다.

기억이 잘 되는 경험의 가장 중요한 특징은 첫째 특이하고 독특한 것, 둘째 감성적 요소가 들어가 있는 것입니다. 노트에 기록해 둔 선생님의 농담을 보면 당시 상황이 머릿속에 재생되면서 수업 내용까지 연쇄적으로 떠올릴 수 있게 됩니다.

정리용 노트는 수업이 끝나고 복습할 때 사용합니다. 쉬는 시간이나 방과 후 정리용 노트에 수업용 노트에 1차 필기한 내용을 바탕으로 중요한 내용을 도식화하고 구조화하는 2차 필기를 합니다.

정리용 노트는 글씨도 바르게 쓰고 색깔 펜과 포스트잇 등을 활용해 일목요연하게 정리합니다(자세한 정리 방법은 159쪽 참조). 뇌에는 항상 많은 정보가 들어오기 때문에 기억할 것을 선택해야 합니다. 뇌는 반복되는 정보에 주의를 기울입니다. 정리용 노트에

2차 필기를 하면서 수업 내용을 뇌에 반복해서 저장하는 효과를 볼 수 있습니다.

▷ 수업 내용을 시각적으로 가공한다.

뇌로 입력되는 정보가 시각, 촉각, 청각으로 동시에 들어오면 뇌는 이러한 정보를 '강조'한다고 여깁니다. 여러 감각으로 들어오는 정보는 대뇌피질의 여러 부위를 활성 시키고, 전두엽은 여러 감각이 동시에 보고한 정보에 우선순위를 둡니다. 2차 필기를 할 때는 그림과 도식 등을 활용해 수업 내용을 시각적으로 정리합니다.

▷ 정리한 노트 내용은 소리 내어 암기한다.

뇌는 소리를 좋아해 귀로 들리는 언어에 가장 민감한 반응을 보입니다. 인간의 뇌는 말하는 기능에 맞춰 진화됐으므로, 귀에 들리도록 되뇌면 장기기억으로 저장하는 데 큰 도움이 됩니다.

핵심 내용이 한눈에 쏙쏙 들어오는 노트 정리법

▷ 노트는 T자형으로 분할한다.

노트를 가로폭을 기준으로 2등분합니다. 이때 왼쪽 공간을 오른쪽 공간보다 두 배 넓게 합니다. 왼쪽에는 교과서와 수업 내용 등을 요약해 적고, 오른쪽에는 참고서나 백과사전 등에서 찾은 보충 설명을 적습니다.

필기할 때는 빽빽하게 적지 말고 내용 사이사이에 적당한 여백을 둡니다. 여백을 남겨 놓아야 보충 설명을 덧붙여 업데이트하기 편리합니다.

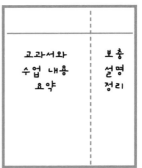

▷ 포스트잇을 적극적으로 활용한다.

보충할 내용이 많아 공간이 부족하면 포스트잇을 사용합니다. 포스트잇은 색깔 또는 사이즈로 내용의 중요도를 표시할 수 있고, 암기할 내용을 가려두는 용도로 유용하게 사용할 수 있습니다.

▷ 내용을 그림이나 표로 정리한다.

사진, 그림, 도표, 그래프, 구조도, 지도 등의 시각적 정보는 내용을 훨씬 오랫동안 기억할 수 있게 돕습니다. 그릴 수 있는 이미지는 직접 그려보는 것도 좋은 복습입니다. 국어나 역사 과목을 공부할 때는 인물 관계도를 그려보는 것도 도움이 됩니다.

▷ 빨강, 파랑, 검정 삼색 볼펜과 형광펜이면 충분하다!

필통에 다양한 색의 볼펜과 형광펜, 스티커 등을 가지고 다니며 노트를 예쁘게 꾸미느라 정적 중요한 내용을 놓치거나 노트 정리에 너무 많은 시간을 쏟아붓는 아이들도 있습니다. 노트는 꾸미는 게 아니라 정리해야 합니다.

빨강, 파랑, 검정 삼색 볼펜과 형광펜 하나 정도면 노트 정리하는 데 충분합니다. 강조할 내용은 빨강 펜, 더 찾아봐야 할 내용은 파랑 펜 등 펜은 색상에 따라 구분해 사용하고, 이모티콘 등 자신만의 기호로 중요한 내용을 표시합니다.

- **빨강 펜** 수업시간에 선생님이 강조한 내용, 시험에 나올만한 것 등 가장 중요한 내용을 표시합니다.
- **파랑 펜** 이해 안 된 내용, 조금 더 보충해야 할 내용, 특이 사항 등을 표시합니다.
- **형광펜** 핵심 용어나 요점 등을 표시합니다.

▷ 주기적으로 노트를 다시 살펴보며 복습한다.

필기해 놓고 보지 않으면 낙서에 불과합니다. 일주일이나 한 달 단위로 노트를 다시 보며 복습하고, 내용을 업데이트하는 시간을 갖습니다.

019

요요 없는 정리정돈, 홈리스 물건들에게 집 마련해주기

물건이 자리를 찾지 못하고 이곳저곳 놓여있으면 집안이 어지럽혀지기 마련입니다. '홈리스 물건'의 집을 마련해줘야 정리정돈이 쉬워집니다. 지정석이 마련되면 물건을 찾는데 걸리는 시간이 줄어들고, 물건을 사용한 후 제자리에 두는 것이 습관으로 자리 잡도록 도와줍니다. 아이와 할 수 있는 물건의 지정석 정하는 방법을 알아봅니다.

집안을 어지럽히는 주범, 홈리스 물건

갈 곳 없는 '홈리스 물건'들은 집안을 어지럽히는 주범입니다. 책은 책꽂이에 꽂고, 옷가지는 옷장에 넣어두는 등 물건의 성격과 사용 빈도에 따라 구분해서 각각의 보관 장소를 마련해야 합니다. 물건의 지정석이 정해지면 물건을 사용한 후에는 반드시 정해진 곳에 둬야 합니다. 지정석 없이 여전히 떠돌아다니는 물건은, 우리 집에 꼭 필요한 물건이 아니므로 미련 없이 처분합니다.

라벨링이란 물건의 지정석에 라벨을 붙이는 일입니다. 라벨링을 함으로써 지정석이 유지되고 누구든 물건을 제자리에 가져다 놓을 수 있게 됩니다. 결과적으로 '정리가 간단해진다 → 잘 어질러지지 않는다'라는 시스템이 정착돼 정리정돈이 쉬워집니다. 정리정돈했을 때뿐, 깔끔하고 쾌적한 상태를 유지하기 어렵다는 분들이 많습니다. 라벨링으로 물건의 자리를 정해놓으면 정리정돈 후 찾아오는 '요요'를 방지할 수 있습니다.

집안에는 가족 간의 '암묵적 양해'로 물건의 지정석으로 정해져 있는 곳들이 꽤 있습니다. 이런 곳들은 라벨이 붙어있지 않은 경우가 많은데요. 약속이 없는 주말이나 비가 와서 집안에 있어야 하는 날에 아이와 함께 라벨링 타임을 가져보세요. 아이 입장에서 보면 부모 허락하에 집안 곳곳에 라벨을 마음껏 붙일 기회가 생긴 것이니 굉장히 기뻐하며 잘 도와줄 것입니다.

라벨링으로 물건의 주소 만들어주기

라벨링을 하기 위해서는 우선 사인펜과 여러 가지 크기의 라벨을 준비하세요. 최근엔 귀여운 디자인의 라벨 제품들이 많이 나오고 있는데요. 제가 추천하는 제품은 라벨 내용을 바꾸고 싶을 때 쉽게 떼어

널 수 있고, 떼었을 때 물건이나 가구에 흔적이 남지 않는 깨끗하게 떨어지는 타입입니다. 라벨이 준비되었으면 아이에게 "집안에서 물건 둘 자리에 이름표를 만들어 붙이면 편리해지는 장소를 찾아서 붙여볼래?"라고 말하고 라벨링 타임을 시작합니다!

우선은 주방을 추천합니다. 라벨을 붙일 '착착 포인트'가 곳곳에 있을 테니까요. 조미료통이나 반찬통, 음식재료를 보관하는 통에 라벨을 착착 붙입니다. 냉장고 안의 수납 칸도 라벨링해 두면, 재고 관리도 되어 편리합니다. 주방 이외에도 TV나 거실에 있는 수납 서랍장, 욕실 수납장 등에도 착착 포인트가 많이 있습니다. 주방이나 거실 등 가족이 공동으로 사용하는 공간이 어느 정도 끝나면, "네 방도 해보면 어때?"하며 지정석 정하기를 유도해 보세요.

라벨링은 원래, 서랍 등의 정리가 끝나고 나서 가장 마지막에 하는 작업입니다. 하지만 '라벨을 붙이고 싶어! → 수납공간에 담길 내용물을 정하자'와 같은 역방향도 아이에게는 가능합니다.

라벨링은 아이에게 정리정돈에 대한 열의를 고취하기에도 안성맞

춤입니다. 라벨링이라는 행동으로 시작해서 정리에 흥미를 느끼는 것

이, 정리 잘하는 아이가 되는 첫걸음인 경우도 있습니다.

　하지만 집안 여기저기에 다닥다닥 붙어 있는 귀여운 손글씨의 라벨

을 보면, 그런 기대도 잊어버리기 십상이지요. 글씨가 삐뚤빼뚤하

고 라벨 붙인 모양이 그다지 깔끔하지 않더라도, 사랑스러

운 우리 아이가 고군분투한 결과입니다. 부디 너그럽게 봐

주시고 "라벨을 붙이고 났더니 훨씬 편리해졌네"라고 칭찬

해 주세요.

언젠가는 홀로 설 아이를 위한
정리정돈법

020

어른이 되는 환승역에 들어선 아이를 위한 정리정돈법

고학년이 되었다는 것은 어른이라는 환승역에 들어섰다고 볼 수 있습니다. 두 개의 서로 다른 노선이 교차하는 환승역은 혼란과 불안이 잠재해있기 마련입니다. 이 시기 아이 역시 부모에게 의지하려는 모습과 부모의 통제 밖에서 자기 주도적으로 삶을 이끌어 나가려는 모습이 혼재되어 있습니다. 이 시기에는 아이 성장에 맞춰 정리정돈 방법을 점검해야 합니다.

아이 옷 사이즈가 150이 되면 수납법을 점검

아이의 건강한 성장을 가장 염원하면서도, '조금만 더 어린 채로 있어주었으면……'하고 생각하는 것이 모든 부모들의 마음이겠지요. 부모라면 언젠가는 어른이 되는 아이들에게 인생의 지혜도 잘 전해 주고 싶은 법입니다.

지식을 전수해주는 것도 물론 중요하겠지만, 경험에서 우러나온 생활의 지혜는 아이가 독립했을 때, 가정을 꾸리기 시작했을 때 아주 큰 도움이 되겠지요. 예를 들어 어른이 되기 위해 올라야 할 계단이 있다면, 자신의 옷을 스스로 정리하고 수납함으로써 그 계단을 몇 계단 오를 수 있다고 생각합니다.

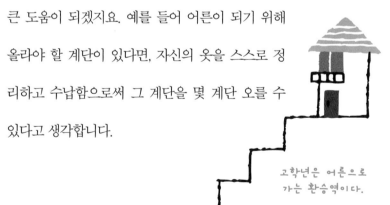

고학년은 어른으로 가는 환승역이다.

고학년이 되면 옷 사이즈도 어른용에 가까워집니다. 구체적인 옷 사이즈로 말하면 '150'이 경계선입니다. 옷 사이즈가 150이 되면 아이 옷 수납을 검토할 적기입니다. 옷 사이즈가 150을 넘으면 지금까지의 옷 개는 방식이나 수납 방법으로는 서랍에 다 들어가지 않게 됩니다. 또 옷을 옷장에 걸 때도 예전보다 더 높은 공간이 필요하고, 걸어 놓은 옷 아래로 서랍을 놓을 수 없게 되기도 합니다.

아이 옷 사이즈가 150이 되면 아이와 함께 옷 수납을 검토해, 중학교 생활을 고려한 사용하기 편한 수납으로 다시 바꿔 보세요. 어려울 것은 하나도 없습니다. 기본 포인트는 세 가지입니다.

| 아이 옷 수납 포인트 |

① 1년간 입지 않았던 옷, 사이즈나 디자인이 맞지 않는 옷은 처분

② 아이 스스로 꺼내기 쉬운 수납인지를, 부모와 함께 실제로 해 보고 검증

③ 물건의 지정석이 흐트러지지 않도록 서랍에는 라벨 붙이기

기본 포인트만 잊지 않으면, 아이가 스스로 '꺼낸다 → 입는다 → 닫는다' 시스템을 만드는 것이 가능합니다. 아이가 어른이라는 환승역에 발을 디뎠다면, 옷 수납을 시작으로 책상, 책장, 책상 주변 등 모든 정리정돈을 점검해보세요.

아이마다 다른 성장 속도를 느긋하게 기다려주기

남자아이는 신체적 성장이 여자아이보다 늦습니다. 몸치장에 흥미가 없는 만큼, 의류를 비롯하여 소지품 관리를 등한시하는 경향이 있습니다. 흥미가 없는 것에 무리하게 자립을 강요하면, 세탁이 끝난 옷들이 방바닥에 쌓여 있는 등 비참한 상태가 되어 버릴 수도 있습니다.

그럴 때는 '학교용', '클럽 활동용', '스포츠용' 등 대략적인 용도별 수납함을 만들어 스스로 넣고 꺼내기만 할 수 있는 정도에서 만족해주세요.

아이가 즐기면서 정리해 나가는 것이 중요합니다. 비단 정리와 수납에만 해당하는 것이 아닙니다. 인생의 지혜와 생활의 지혜를 잔소리처럼 들리지 않도록 잘 전해 주는 것 또한 부모의 능력입니다.

어른으로 가는 환승역에 발 딛는 타이밍은 아이들 마다 다릅니다. 급행열차로 달려가는 것처럼 순식간에 어른스러워지는 아이가 있는가 하면, 역마다 정차하는 열차와 같이 천천히 변해 가는 아이도 있습니다.

중요한 것은 그 아이의 성장 과정에 맞춰서 조금씩 무언가를 '맡겨 보는 것'입니다. 아이를 애정을 가지고 가장 오랜 시간 지켜본 부모만이 도와줄 수 있는 것은 무한히 많습니다. 인생의 선배로서 무엇을 말해주면 좋을지, 부모 자신도 생활 방식을 되돌아보며 '인생의 지혜'를 정리하는 시간을 가질 수 있으면 더 좋겠지요.

종종 인생을 마라톤에 비유합니다. 인생이라는 긴 여정을 혼자 달리는 사람은 없습니다. 마라톤 선수 주변에는 성공적인 완주와 기록 경신을 돕는 많은 사람이 함께합니다. 그중 하나가 페이스메이커입니

172

다. 페이스메이커는 중장거리 이상의 달리기 경주 등에서 기준이 되는 속도를 만드는 선수입니다. 페이스메이커는 자신의 능력보다 빠른 속도로 달리거나 선수의 목표가 될만한 속도로 달리면서 선수가 체력 안배를 할 수 있도록 보조합니다. 우리는 삶의 여정 곳곳에서 나를 이끌어주는 페이스메이커를 만납니다.

우리 삶에서 최초의 페이스메이커는 부모입니다. 부모는 아이의 인생을 이끌어주면서 동시에 아이가 스스로 달릴 수 있도록 해, 결국 부모 없이도 아이가 인생이라는 레이스를 완주하도록 돕습니다. 아이가 정리정돈에서든 공부에서든 삶의 방향을 잃지 않도록 올바른 기준을 제시해주고, 함께 보폭을 맞춰 달리고 지치지 않게 용기를 북돋워 주시기 바랍니다.

021

아이의 반항기 도래!
가족의 가치관을
다시 정리할 시기

혼돈과 격정의 사춘기가 도래하면, 아이와 부모는 사소한 일
에도 스파크를 일으키며 부딪칩니다. 아이의 반항기야말로
부모가 자신의 마음과 가족의 가치관을 다시 정리해야 하는
시기입니다. 마음을 정리해서 흔들리지 않는 기준을 만들어
두면, 변화무쌍한 아이의 태도 변화에 갈팡질팡하지 않을 수
있습니다.

아이와 '마음의 탯줄' 끊기

성장과 동시에 사사건건 자기주장이 강해진 우리 아이. 어느새 이만큼 자랐나 흐뭇하면서도, 부모의 생각과는 무조건 반대로 행동하려는 듯한 아이 모습에 걱정도 많아집니다. 이 시기에는 서로의 주장을 굽히지 못하다가 사소한 의견 충돌이 과격한 싸움으로 번지기도 합니다. 아이의 반항기는 부모가 긴장감을 느끼고 마음 정리를 해야 하는 시기입니다.

"얼마 전까지만 해도 순진한 아이였는데⋯⋯." 강연장에서 만나는 어머니들께서 자주 하시는 말씀입니다. 성장에 변화나 파란은 항상 따라다니는 법입니다.

아이의 성장에 따라 부모의 역할에도 변화가 필요합니다. 아이가 태어나서 4세 무렵까지는 보호하고 돌봐주는 것이 부모의 주 역할입니다. 4세 이후에는 옳고 그름을 분별할 수 있는 판단력과

바른 심성을 키워주는 훈육자의 역할로 무게 중심이 옮겨갑니다. 그리고 학업이 본격적으로 시작되는 학령기, 즉 8세부터는 아이를 믿고 격려하는 역할이 중요해집니다. 학령기에 접어들면 엄마가 모르는 아이만의 세계가 열리고 자아가 분리 독립합니다. 청소년기는 부모에게서 독립하려는 의지가 매우 강해지는 시기로, 이 시기 부모의 주 역할은 상담자입니다.

자녀가 독립적으로 바뀌면 섭섭한 감정을 갖고 아이를 품에 가두고 통제하려는 부모님들이 계십니다. 아이가 독립된 존재임을 인정하지 못하면 갈등의 골은 깊어지기 마련입니다. **아이가 자기주장과 생각을 펼치기 시작하면, 부모는 '마음의 탯줄'을 끊을 준비를 해야 합니다.**

아이의 성장에 따라 어떤 가족이 되고 싶은지 희망하는 가족상을 다시 한 번 정리해보세요. 가족마다 가지고 있는 가치관은 제각각일 것입니다. 가족으로써 함께 지켜나가고 싶은 소중한 것이 무엇인지 아이와 마주 보며 진지하게 이야기 나누어보세요.

반항기는 다른 사람과 타협하는 것을 연습할 시기

아이 혼자서 멀리 떨어진 유원지에 가고 싶다거나, 부모님이 외출 중인 친구 집에 놀러 가고 싶다거나, 용돈으로 만화책을 많이 사고 싶다는 등 트러블의 '불씨'(라고 어른들이 생각하는 것)를 아이들은 항상 가지고 오기 마련이죠. 그런 요구에 대해서 부모로서 아무리 이해하려 해도 허락할 수 없는 것은 강하게 "안된다"고 말씀해주세요.

앞서 말한 바와 같이 자신의 마음을 정리해서 흔들리지 않는 기준을 만들어 두면, 일일이 갈팡질팡하지 않아도 되지요. 아이가 어른들은 때로는 불합리하다고 생각해도 괜찮습니다. 성인이 되어 사회에 나가면 불합리한 사람이나 상황을 마주하는 일은 많이 있게 마련입니다.

아이 입장에서는 객관적으로 봐도 '자신이 맞는데……'라고 생각할 수도 있고, 분한 마음을 가지게 될 수도 있겠지요. 기분이 상해서 방을 나가는 것만으로는 자신의 요구는 통하지 않는다는 것을 알게 됩니다. 그리고 스스로 논리적 사고와 지혜를 사용해서 이 난국을 어떻게 헤쳐나갈 것인가 고민할 것입니다.

부모의 그릇이 크다면 초등학생 때의 반항기를 다른 사람과 타협하는 것을 연습하는 좋은 기회로 삼을 수도 있습니다. 아이와 의견 대립이 있을 때는 아이 취급하지 말고, "너의 요구는 잘 알았어. 그럼, 네 마음을 제대로 설명해서 나를 이해시켜봐"라고 냉정하게 대화해 보세요.

일상에서 일어나는 아이와 관련된 문제나 고민은, 지나면 웃고 넘길 수 있는 정도의 사소한 것들이 대부분입니다. 넓은 시야로 보면 인생을 좌우하는 큰일은 한 줌도 안 될 정도로 적습니다. 매일 잔소리하고 싶은 일들은 산처럼 많겠지만, 반항기조차도 아이와 함께 즐겁게 지낼 수 있다면 좋겠지요.

022

여행 짐 싸기는
독립 준비

가족여행이나 수학여행 등 여행을 가면 아빠와 아이는 뒤로 빠지고 엄마가 중심이 되어 짐을 싸는 경우가 많습니다. 하지만 아이 짐은 아이가 싸도록 합니다. 일정에 필요한 짐은 무엇인지 고민하고, 다양한 물건들의 수납 방법을 궁리해야 하는 여행 짐 싸기는 아이에게 정리정돈의 진수를 알려주기에 좋은 기회입니다.

여행 준비로 정리 요령을 습득할 수 있다!

수학여행, 캠프, 가족여행 등의 준비는 누가 하고 있나요? 아이의 서툰 준비가 못미더워 부모가 주도해서 준비하는 경우가 많지요. 하지만 아이의 물건은 아이에게 맡겨 보세요.

일정 동안 꼭 필요한 물건이 무엇인지 고민하고, 짐이 섞이지 않고 찾기 쉽도록 수납하고, 짐의 부피와 무게를 줄이기 위한 방법을 궁리해야하는 여행 짐 싸기는 정리 요령의

아이 스스로
해볼 기회를 주되,
처음에는 부모가 올바른
방법을 알려주면서
함께 합니다.

181

정수를 습득할 수 있는 좋은 기회입니다.

단 짐을 쌀 때 "자 이제 너 혼자서 전부 다 해봐!"라고 처음부터 아이에게 모든 걸 맡기면 안 됩니다. 방 정리와 마찬가지로 준비나 정리가 서툰 아이일수록 한번은 제대로 올바른 방법을 부모가 알려주면서 함께 해 주세요.

여행 짐 싸기의 기본 역시 '구별하는 것'

모든 정리정돈의 기본은 '구별하는 것'입니다. 사용하기 쉽도록 어떻게 구별해서 짐을 싸면 될지, 그 요령만 알면 많은 상황에서 응용이 가능합니다.

아이에게 알려주기 위한 짐 싸기 순서를 살펴보겠습니다.

우선, 준비와 체크를 위해 소지품 리스트를 준비합니다. 캠프나 합숙의 경우는 학교에서 받은 소지품 리스트가 있을 테니 그것과 스케

줄을 보면서 어떤 상황에서 무엇을 사용할지를 아이와 함께 확인해

보세요. 가족여행처럼 소지품 리스트가 없는 경우에는 간단한 메모라

도 괜찮으니 꼭 아이만의 리스트를 만들어 주세요.

여행 짐 싸기의 구체적인 순서를 소개합니다.

| 아이 혼자 하는 여행 짐 싸기 |

▷ 갈아입을 옷은 하루 기준으로 소포장한다.

의류는 하루에 한 벌씩, 티셔츠 · 바지 · 속옷 등을 세트로 해 비

닐봉투에 넣어서 구분합니다. 겉옷, 속옷, 양말 등 아이템별로 분

류하면 매일 짐을 풀어서 헤집어야

되므로 금방 뒤섞여 버립니

다. 목욕 후에 속옷을 갈아

입을 경우에는 속옷은 목욕

용품 세트에 함께 넣어도 좋습

니다. 예비로 가져가는 티셔츠나 속옷 류는 '예비로 갈아입을 옷'

봉투에 넣으세요.

▷ 모든 봉투 겉에 내용물을 표시한다.

물건을 담은 봉투에는 '갈아입을 옷 1일분', '예비로 갈아입을

옷', '간식', '전자제품 케이블' 등

반드시 내용물 이름을 써 둡니

다. 봉투채로 구별되어 있으니

내용물만 알면 금방 찾아낼 수

있지요. 이미 한 번 입은 옷을 넣

는 '세탁물 봉투'도 만들어 두세요.

▷ 함께 사용하는 물건은 하나의 가방에 넣는다.

샴푸, 비누 등 세정제와 속옷, 수건 등 함께 사용하는 물건은 하나

의 파우치에 넣어서 한 곳에 정리해 두면 목욕할 때 따로 준비할

필요가 없습니다. 상비약이나 의료보험증

목욕 용품 세트

사본 등 작고 중요한 물건은 눈에 띄는 색

깔의 파우치에 넣어서 수납하면 좋겠지요.

수영복, 수영모자, 물안경, 튜브 등 물놀이

용품은 방수가 되는 가방에 넣습니다. 비닐

지퍼백이나 비닐봉투를 준비해가면 젖은

작고 중요한 물건은
눈에 잘 띄는 색깔의
파우치에 넣는다.

옷가지 등을 가져올 때 유용합니다.

▷ 돌아올 때를 위한 여행 짐 리스트를 챙긴다.

여행지에서 잃어버리는 물건 없이 짐을 잘 챙겨오는 것도 중요합

니다. 여행지에서 다시 짐을 꾸릴 때 점검할 목록이 있다면, 짐 싸

기도 훨씬 수월해집니다. 여행 가방에 담긴 물건을 목록으로 만

들어 가방에 담아둡니다.

어설프게 정리해도 OK! 아이를 믿고 맡긴다!

언제, 어떤 상황에서 사용할지를 생각해서 약간만 고민해 짐을 싼다면, 필요한 물건을 금방 찾을 수 있는 여행 가방이 완성됩니다. 아이가 준비 순서를 이해할 수 있게 되면, 다음은 아이 스스로 하도록 맡겨 두고 부모는 최종 체크만 해 주세요. 빠진 물건이 있거나 넣는 방법이 너무 깔끔하지 않아도 잔소리를 너무 많이 하지 않는 것이 중요합니다. 다시 말씀드리지만 아이는 '대충대충 수납'이라도 괜찮습니다. 설사 빼먹은 물건이 있거나 물건을 잘못 구분해서 여행기간 동안 불편함을 느꼈다면, 이마저도 아이에게는 배우고 느낄 기회입니다.

여행 준비를 스스로 하는 것은 독립의 첫걸음이라고 생각합니다. 이 역할을 최대한 빨리 아이에게 맡기면 좋겠지요. 그런 작은 자립이, 언젠가는 커다란 자신감으로 연결될 것입니다.

023

부모들이여!
추억 스토커가
되지 말자!

부모라면 아이와의 추억이 깃든 물건을 버리기가 쉽지 않습니다. 아이 사진은 잘 나온 것은 잘 나온 대로 못 나온 것은 또 못 나온 대로 부모 눈에는 하나같이 다 사랑스럽습니다. 그렇다고 추억의 물건을 모두 쌓아두고 살 수는 없는 법이죠. 추억의 물건, 어떻게 정리해야 할까요?

아이보다 부모가 더 되기 쉬운 '추억 스토커'

손바닥에 쏙 들어올 정도로 자그마한 신발. 첫 나들이 때 입혔던 귀여운 우주복. 크레용으로 처음 그려준 엄마 얼굴. 이 모든 것들이 반짝반짝 빛나는 보물로 보여서 아직도 버리지 못한다. 이런 마음을 가지고 계신 여러분은 혹시 '추억 스토커' 아니신가요?

아이의 성장에 대한 추억은 부모에게 있어서 어떤 것과도 바꿀 수 없는 달콤하고 소중한 기억입니다. 하지만 그 달달한 기억과 관련된 물건들을 모두 간직하려고 한다면 어떻게 될까요? 아무리 집이 넓다고 해도 언젠가는 생활에 지장을 초래하게 될 것입니다.

"한 번 버리면 다시는 돌아오지 않는 물건인걸. 절대 못 버려!"

'추억 스토커'가 되면 옛날 물건들을 대부분 못 버리게 됩니다. 추억 스토커들의 수십 년 후를 한번 상상해 보세요.

아이가 독립할 때 자신과 관련한 추억의 물건은 대부분 가져가지 않습니다. 그들에게 있어서 소중한 것은 미래이며, 과거는 그저 '유물' 2차적인 것이 되기 때문입니다. 아이가 떠난 집에 남아 늙은 부모는 추억의 물건들에 쌓여 정리도 못하고 버리지도 못하고 나이만 들어갑니다. 어느 날 갑자기 부모가 사망하면 짐 정리는 자식들의 몫입니다. 자녀들 역시 추억에 잠겨 부모의 짐을 소중히 할까요? 성장한 자녀들에게 부모가 끌어 안고 있던 추억의 물건은 대부분 처분해야 할 잡동사니에 불과합니다. 과장이 심하다고 생각하시나요? 하지만 실제로 정리 컨설턴트 중에는 너무나 많은 물건을 가지고 사는 노년층의 집안 정리를 위해 분주하게 일하는 분들이

진정한 추억은 물건에 깃드는 것이 아닙니다. 추억의 물건을 모두 끌어안고 살려고 한다면 '추억 스토커'에 지나지 않습니다.

많습니다. 사람은 나이를 먹을수록 물건을 버리는 것이 더 어려워집니다.

추억의 결정체, 사진은 디지털 데이터화하기

추억이 형태를 가지는 아이템 중의 하나인 '사진' 역시 좀처럼 버리기 어려운 물건입니다. 언제부턴가 아이의 사진은 늘어만 가고 어디서부터 손을 대야 좋을지 모르게 됩니다.

디지털카메라의 보급으로 인쇄된 사진을 보관하는 수고는 극적으로 줄어들었지만, 그렇다고 해도 데이터 정리나 받은 사진들의 정리는 확실히 해 놓고 싶은 법이죠.

사진은 추가로 기록하는 것이 가능하고, 컴퓨터에 문제가 생겼거나 교체해도 영향을 받지 않는 저장 매체에 따로 백업해둡니다. 저장할 때는 1년 단위로 폴더를 만들고, '가족 여행', '○○이 연주회' 등 이벤

트별로 하위 폴더를 만들어 저장합니다. 아울러, 인화된 사진은 디지털 데이터화해서 관리하는 것이 최선입니다.

여담인데, 예전에 본가의 정리를 도와주러 갔을 때 제 어렸을 때 사진이 방대하게 쌓여있던 모습에 아연실색했던 기억이 납니다. 여러분의 부모님 집도 다르지 않을 겁니다.

사진의 매수가 너무 많아서 어떻게 해야 할지 모를 때의 비책을 알려 드리겠습니다. 그것은 바로 '자동 급지 기능이 있는 스캐너'를 구입하거나 빌리는 것입니다. 투자가 약간 필요하지요. 하지만 눈이 휘둥그레질 정도의 빠른 속도로 사진을 인식하고 한 번에 데이터화할 수 있으므로, 산처럼 쌓인 사진이라도 짧은 시간에 처리할 수 있습니다.

과거를 버리지 않으면 미래가 들어설 곳이 없다

추억은 물건에 반영되기는 하지만, 추억이 담긴 물건을 버려도 추억이 사라지는 건 아닙니다.

추억은 마음에 남기는 것이 최선입니다. 그것만으로는 아쉽다고 생각하시는 분은 디지털카메라로 찍어서 남긴 후 오래돼서 낡아 버린 추억의 물건과는 작별 인사하세요. 가능하다면 아이와 함께 해보세요. 그 물건에 관련된 에피소드를 이야기해 주면 분명 멋진 시간이 될 것입니다.

추억의 물건을 버려도 아이를 기르며 쌓은 추억은 마음속에서 숙성되어 한층 더 선명하게 빛날 것입니다. 추억의 물건과 정성스럽게 마주하는 부모의 모습은 틀림없이 아이들의 마음에도 새로운 추억으로 남을 것입니다.

인도에는 '홀리(Holi)'라는 축제가 있습니다. 봄이 오는 것을 기념하는 축제로 매년 2, 3월경에 열립니다. 홀리 축제는 보름이 되기 이틀 동안 열리는데, 첫째 날에는 온 가족이 모여 색 가루와 물감을 서로 몸에 발라주며 사랑을 표현하고 축복을 빌어줍니다. 보름 바로 전날에는 마녀 인형을 불태워 악의 기운을 몰아내는 의식을 치릅니다.

이때 오래된 물건이나 필요 없는 물건 등을 함께 태웁니다. 여기에는 묵은 것을 버리고 새로운 계절을 맞이한다는 의미가 담겨있습니다. 우리 집을 지나간 행복의 기억이 아닌 새로운 행복으로 채우기 위해서는, 축제처럼 즐겁게 과거를 비워내는 시간이 필요합니다. 과거를 버리지 않으면 미래가 들어설 곳이 없습니다.

024

수납공간과 마음은
80퍼센트만
채우자!

'번아웃 키즈(burnout kids)'라는 말이 있습니다. 스트레스로 인해 몸과 마음의 에너지가 고갈된 상태인 번아웃 증후군에서 유래한 말입니다. 번아웃 증후군을 앓고 있는 아이들이 점차 늘고 있습니다. 아이의 마음에도 정리정돈이 필요합니다. 수납공간에 물건을 정리하는 방법과 마음을 정리하는 방법은 다르지 않습니다.

수납은 채우는 것보다 비우는 것이 중요하다!

여러분 가정의 냉장고는 혹시 꽉꽉 들어찬 상태 아닌가요? 냉장고는 아주 편리한 가전제품이며 식품의 수납 장소이기도 하죠. 사용하다가 남은 음식재료와 남은 요리도 일단 냉장고 안에 넣어 두기만 하면 시야에서 사라져서 산뜻하게 보관할 수 있습니다.

하지만 냉장고가 꽉 차있다면, 선물 받은 음식이나 남은 반찬들이 많이 생겼을 때 대처하기 곤란합니다. 정리 컨설턴트들은 항상 '80퍼센트 수납'을 권장합니다. 20퍼센트의 여유가 있으면, 케이크를 선물을 받아도 냄비 가득 끓인 국이 남아도 난처할 일이 없습니다. 실제로 냉장고 용량의 70~80퍼센트 정도만 채워야 찬 공기가 잘 순환해 전력 소모도 적고 냉장도 잘 됩니다.

수납 초보들은 적은 공간에 많은 물건을 적재하는 것이 잘된 수납이라고 여기고 빈틈없이 물건을 꽉꽉 채우는 실수를 합니다. 가정 내의 기타 수납 장소, 예를 들어 붙박이장이나 서랍장, 책장 등도 '80퍼센트 수납' 원칙이 적용됩니다. 공간에 여유가 있으면 물건을 넣고 꺼내기에도 좋고, 내용물의 파악과 취사선택도 쉬워집니다.

특히 아이 방의 서랍장이나 책장은 80퍼센트 수납을 유지할 수 있도록 가끔 조언해 주세요. 그렇게 하면 아이 스스로 물건을 넣고 뺄 때마다 잘 흐트러지지 않는 수납을 할 수 있게 됩니다.

아이 마음에 여유를 만들어 주는 비결

물건이나 공간에 정리정돈이 중요한 만큼, 마음(기분)의 정리도 중요합니다. 마음에 여유가 없으면 돌발적인 상황에 대한 대응력이 떨어져 새로운 것에 도전하려고 하는 활력도 생기지 않습니다. 해야 할 일에 쫓겨 초조해 하면서 하루하루를 보낸다면 마음에 여유가 사라져,

언젠가는 마음이라는 수납공간도 숨 쉴 틈 없이 꽉 찬 '100퍼센트 수납'이 되어 버리고 맙니다.

정신분석학자 프로이트는 "생각이 엔진이라면 감정은 연료다"라고 말했습니다. '감정'이라는 연료가 완전히 소진되었을 때를 '번아웃(burnout : 다 타고 아무것도 남지 않은 상태)'이라고 합니다. 미국의 정신분석가 프로이덴버거는 스트레스로 인해 육체적 정신적 에너지가 고갈된 상태에 '번아웃 증후군(burnout Syndrome)'이라는 이름을 붙였습니다. 휴식 없이 달리다 한계에 도달한 상태를 가리키는 말이지요. 번아웃 증후군을 앓는 사람들은 극도의 피로감으로 인해 무기력증과 자기혐오에 빠져, 때로는 극단적인 선택을 하기도 합니다. 어른들이나 앓는 증세로 여겨졌던 번아웃 증후군이 이제는 아이들에게서도 빈번히 발견된다고 합니다.

부모는 어른이니까 마음이 '꽉 찬 상태'가 된다고 해도 스스로 원인을 발견해서 배제할 대상을 찾아낼 수 있습니다. 하지만 아이들은 부모의 도움이 필요합니다. 그렇다면, 아이의 마음에 여유를 만들어 주기 위해서는 어떻게 하면 좋을까요? 그 열쇠는 바로 아이가 한숨 돌릴 수 있는 부모와 아이의 시간을 만드는 것입니다. 그리고 소진되지 않는 범위에서 할 수 있는 일들을 하고 나머지는 내려놓을 필요가 있습니다. 그렇게 하기 위해서는 다양한 방법을 생각할 수 있는데, 제 개인적으로 권장하는 방법은 아래와 같은 아주 간단한 것입니다.

│ 아이 마음에 여유를 만들어주는 방법 │

- 아이와 매일 웃는 얼굴로 스킨십할 것.
- "너는 소중한 존재이며, 사랑한단다"라고 자주 말해 줄 것.
- 하루에 한 번은 아이와 함께 밥을 먹을 것.

  식사가 힘들다면 간식을 먹어도 좋다.

이런 사소한 표현들이 아이의 마음에 여유를 만들어 주는 밑거름이 된다는 것을, 저 역시 한 사람의 엄마로서 실감합니다. '엄마랑 아빠는 나를 사랑하고 언제나 내 편'이라는 확고한 믿음이 아이 마음에 굳건히 뿌리내릴 때, 아이의 마음은 유연하면서도 강하고 자유로워집니다. 하버드대학교 학생들이 어린 시절 부모에게 가장 많이 들었던 말은 무엇일까요? 정답은 "다 괜찮을 거야"입니다. 아이가 중요한 시험을 앞두고 있을 때나 크고 작은 실패를 경험했을 때, 부모들은 아이를 따스하게 안아주며 이 말을 건넸다고 합니다. 이 말 한마디가 아이들에게 자신감을 갖게 했고, 다시 한 번 자기 자신을 믿고 도약할 힘을 길러주었다고 합니다.

'엄마랑 아빠는
나를 사랑하고 언제나 내 편'
이라는 확고한 믿음이
아이 마음에 굳건히
뿌리내릴 때, 아이의 마음은
유연하면서도 강하고
자유로워진다.

025

여름방학,
온 가족이 대청소하며
추억 쌓기

더워서 무기력해지기 쉬운 여름은 집 안팎을 대대적으로 청소하기 좋은 계절입니다. 대청소할 때 아이가 아직 어리다고 해서 열외로 취급하지 말고, 작은 임무라도 맡겨보세요. "해냈다!"는 작은 성취감이 쌓여 "할 수 있다!"는 자신감이 됩니다.

더위 때문에 집중력이 떨어지면
"우리 함께 청소하자!"

해가 갈수록 여름이 더 더워진다고 느끼는 건 저뿐일까요? 더운 여름에는 아이들 역시 공부에 집중하지 못합니다. 그렇다고 냉방 상태의 방에 계속 있으면 건강을 해치게 됩니다. 공부가 진척되지 않고 아이가 나른하고 무기력한 모습을 보인다면, 아이에게 "좀 도와줄래?" 하고 집안 정리나 청소를 함께하자고 부탁해보세요.

집안에서 할 수 있는 여름의 추천 정리는 바로 '프린트물 정리'입니다. 1학기 내내 쌓여 있던 프린트물을 아이와 함께 분류해 보세요. 우선은 필요한지 필요 없는지를 구분하고, 불필요한 프린트물은 그 자리에서 처분합니다. 종이나 플라스틱으로 된 파일 케이스를 준비한 다음 보관해 두고 싶은 프린트물은 아이에게 주도권을 주고 의논하면서 분류 방법을 결정해 나갑니다. 분류 방법은 '과목별로 구분한다',

'월별로 구분한다' 등 무엇이든 좋습니다.

　이때, 어른의 시선으로 너무 세세하게 분류하지 않는 것이 요령입니다. 케이스에 넣기만 하면 끝나는 정도로 대충대충 수납해두어야, 신학기가 되어도 아이 스스로 꾸준히 정리할 수 있습니다.

대청소는 겨울보다 여름!

　프린트물 정리정돈이 끝나면 온 집안 대청소에 도전해보세요. 대청소는 연말에 하는 것이라는 선입견은 버리세요. 원래 여름은 집 안팎을 대대적으로 청소하기에 최적의 계절입니다. 청소할 때 물을 사용해도 금방 마르고, 겨울에는 너무 추워서 하기 싫은 것들도 즐겁게 할 수 있습니다. 날씨가 맑으면 물을 사용해서 옥외 공간이나 베란다를 한꺼번에 청소하세요. 정원에서 방충망을 닦거나 베란다 청소를 하는 등 아이와 함께 즐겁게 할 수 있는 작업은 아주 많이 있습니다. 그리고 욕실 전체를 반짝반짝하게 청소하고 나서 창문을 열어 습기를 빼면 아주 상쾌해지죠.

정원이 있는 집이라면, 잡초를 뽑거나 말라버린 잎들을 떼어 주는 등 일부러 땀을 흘리는 것도 즐겁습니다. 작업이 끝나면 정원에 돗자리를 깔고 함께 냉면을 먹거나, 아이에게 주는 상으로 빙수나 아이스크림을 먹는 것도 여름에만 할 수 있는 즐거운 추억 만들기가 되겠죠.

그리고 잊지 말고 아이에게 "고마워, 네가 도와줘서 정말 기뻐. 네 덕분에 잘 끝냈구나."라는 감사의 마음을 꼭 전하세요.

아이에게 "해냈다!"는 성취감과 가족들을 위해 노력한 데서 느끼는 보람을 선사하려면, 아이를 가족 구성원의 일부로 청소에 참여시킨다.

청소는 아이에게 성취감을 준다

제 주위에도 '가사는 엄마의 일이니까'라는 생각에, 혹은 다른 사람들이 하는 것은 못 미더워서 혼자 집안일을 도맡아 하시는 어머니들이 많이 계신데요. 가족과 소통하며 집안일을 함께한 경험이 아이를 성장시킵니다.

정리를 끝낸 후 느끼는 성취감과 가족을 위해 땀 흘리며 노력하는 데서 느껴지는 보람은, 유원지에 놀러 가거나 영화를 보러 가는 것보다 더 오래 기억되는 추억이 될지도 모릅니다. "해냈다!"는 작은 성취감이 쌓여 "할 수 있다!"는 자신감이 됩니다.

올해는 "네 방만이라도 괜찮으니까 제발 정리 좀 해!"라고 소리 지르는 것은 그만하고, 여름방학에는 가족의 일원으로써 아이를 집안 정리나 청소에 참여시켜보세요.

CHAPTER 5

아이에게 삶의 지혜를 선물하는
정리정돈법

026

달력을 만들며
배우는
시간 정리법

늘 열심히 무언가를 하지만 시간이 부족한 사람들을 가리켜
'타임푸어(time poor)'라고 합니다. 아이들 또한 시간 관리
를 제대로 못해 힘들어하는 경우가 많습니다. 시간을 제대로
관리하지 못하면 공부도 효과적으로 할 수 없습니다. 정리정
돈하는 습관은 일과를 계획하고 시간을 운용하는 능력과 실
행력, 집중력을 키우는 데 기초가 됩니다.

정리정돈 잘하는 사람은 시간 관리도 잘한다!

앞서 정리정돈은 물건에 국한된 행위가 아니라고 말씀드렸습니다. 정리정돈은 물건, 공간, 마음, 생각, 사람, 시간 등 삶의 전반을 질서 있게 관리하는 일입니다.

물건을 잘 정리정돈하는 사람들은 시간도 잘 관리하고 생각을 체계적으로 정리하는 힘도 갖고 있습니다. 혼돈 속에서 질서를 찾아 나가는 정리정돈은 논리적인 사고력을 향상시킵니다. 또한 아이는 정리정돈을 통해 주변 사물과 공간을 관리하며 자신이 주체가 되어 삶을 꾸려나가는 지혜를 터득하게 됩니다. 하루 24시간을 잘 활용하려면 시간표를 짜고 운용하는 능력과 실행력, 집중력이 필수입니다. 정리정돈하는 습관은 바로 이런 능력을 키우는 데 기초가 됩니다.

지금까지 여러 가지 크고 작은 미션을 거치며 아이가 정리정돈과 제법 친해졌다면, 시간을 정리하고 관리하는 방법을 알려줄 차례입니다.

세상에 하나뿐인 달력으로 아이의 시간 운용능력 Up!

새로운 해가 올 때마다 '우리 아이는 올해 또 어떻게 성장할까?'하고 기대하는 것이 부모의 마음이겠지요. 그런 부모의 마음이 형태를 갖출 수 있도록, 새해가 되면 가족 모두 모여서 아이 방에 걸어 둘 '이 세상에 단 하나뿐인 달력'을 만들어 보는 것은 어떨까요?

새해가 되면 온 가족이 모여 달력에 일정을 적으며, 아이에게 시간 관리 방법을 알려준다.

우선 직접 날짜를 쓰고 일정을 표시할 수 있는 종이를 준비합니다. 작은 글씨를 잘 쓰지 못하는 아이도 쉽게 쓸 수 있도록 A4나 B5 사이즈 등 큰 종이를 추천합니다. 필기도구는 연필이나 샤프, 지울 수 있는 볼펜 등 예정이 변경되었을 때 지우고 다시 쓸 수 있는 것이 편리합니다.

포스트잇이 붙어있는 활기찬 달력은 1년간 아이 방을 따뜻하게 꾸며줄 것입니다. 스마트폰이나 PC로는 절대로 전해지지 않는 가족 간의 따뜻한 정을 느끼게 해주죠.

이렇게 일정을 함께 만들어가는 시간을 가짐으로써 아이는 스케줄 짜는 법이나 시간 배분 방법을 자연스럽게 몸에 익힐 수 있습니다.

처음에는 이 달력처럼, 연간이나 월간 단위의 큼지막한 시간 정리로 시작해 차츰 주, 일, 시 단위의 짧은 시간 정리 방법을 알려주세요.

연초에 온 가족이 달력을 만들며 즐거운 한 해를 기원하며 일정을 짜는 일은 아이에게 있어서도 '숨어있던 세뱃돈'이 되지 않을까요? 물론 이런 시간이 세뱃돈보다 값지다는 것을 아이가 깨닫게 되는 것은 아마도 오랜 후가 되겠지요.

세상에 하나뿐인 달력 만들기

다음 소개된 내용을 따라 세상에 하나뿐인 달력을 만들어보세요.

① 결정되어 있는 일정을 쓴다.

우선 달력과는 별도의 종이 한 장을 준비하고 '월요일 = 수영', '화요일 = 영어학원', '목요일 = 피아노' 등 이미 예정된 아이의 스케줄을 함께 적습니다. 고학년이라면 예정된 시간까지 기록할 수 있으면 좋겠죠. 일주일의 일정을 다 쓰고 나면 연초인 2월까지 변동이 없을 것으로 예상되는 매주의 일정을 달력에 적습니다. 저학년이라면 수영은 돌고래 마크, 학원은 별 표시, 피아노는 음표 마크 등 알맞은 스티커를 골라서 붙이는 것도 재미있겠죠.

학교 연간행사 등 이미 알고 있는 일정도 빠짐없이 써둡니다. 3월 이후에는 일정이 바뀔 가능성이 크므로, 일정은 한두 달 후까지만 기록합니다.

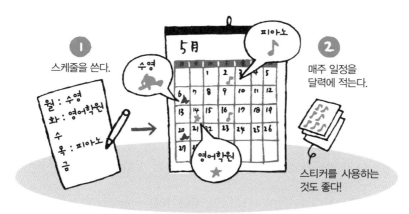

② 올해 하고 싶은 것은 무엇인가?

지금부터가 '세상에 하나뿐인 달력'의 하이라이트입니다.

우선은 가족 모두의 생일을 쓴 뒤 기념일이나 크리스마스 등 가족과 함께하는 행사를 씁니다. 새하얗게 비어있던 달력에 하나둘 일정이 채워지면서 한달이라는 어렴풋했던 시간이 점차 생생하게 느껴집니다.

다음에는 큼지막한 포스트잇을 준비해서 1월부터 순서대로 '이 달에 하고 싶은 것'을 아이에게 쓰게 합니다. '할머니 댁에 가고 싶다', '바다에서 수영하고 싶다' 등 자유롭게 써서 몇 가지든 달 력의 여백에 붙입니다. 부모님 입장에서는 지금 아이가 '하고 싶 어하는 것', '흥미를 느끼는 것'을 알 수 있다는 장점이 있지요.

아이가 초등학교 4학년 이상이라면 매월 성적에 대한 목표도 함 께 붙여 놓으면 좋을 것입니다. '수학을 더 잘하고 싶다', '역사책 을 읽고 싶다'와 같이 대략적인 계획이라도 상관없습니다. 중요 한 포인트는 아이 스스로 정해서 쓴다는 것입니다.

③ 일정에 부모가 코멘트를 넣는다.

마지막에 아이가 쓴 포스트잇에 부모님이 코멘트를 적어 놓습니다. '할머니 댁에 가고 싶다 → 엄마도 같이 가고 싶어', '수학을 더 잘하고 싶다 → 엄마가 도와줄게' 등 간단해도 상관없으므로, 아이의 계획을 응원할 수 있는 말들을 써서 붙여 놓으세요. 엄마 뿐 아니라 아빠도 협력해서 함께 써보세요.

이렇게 만든 달력은 아이 눈에 잘 보이는 곳에 붙여 놓고, 한 달이 지나면 일정과 계획을 점검하는 시간을 갖습니다. 아이가 지난 한 달을 부모에게 평가받는다는 느낌이 들지 않도록, 계획대로 지켜진 일은 칭찬해주고 달성하지 못한 계획은 격려해주세요.

027

아이의 미래를 바꾸는
용돈 관리법

용돈 쓰는 법은 정리정돈과는 아무 관계가 없는 것처럼 보이지만, 사실 커다란 관련이 있습니다. 돈을 내고 물건을 사는 일은 자신이 무엇을 원했는지 확인하는 행위입니다. 쓸데없는 물건 사지 않기는 정리정돈의 중요한 첫걸음입니다.

더 큰 보상을 위해 눈앞에 마시멜로를 먹지 않는
만족지연력을 키워주는 '용돈 포인트제도'

아이에게 용돈을 어떻게 주고 계신가요?

초등학생일 때는 학용품이나 간식 등은 부모가 사 주는 일이 많아서 "아이가 돈이 필요할지 의문이다", "어떻게 주어야 할지 모르겠다"라고 대답하시는 부모님들이 많습니다. 자녀의 용돈 문제는 어머니들의 대화에도 자주 오르내리는 화제입니다. 아이에게 "쓸데없는 것은 사지 마!"라고 못을 박아도, 금방 질려버릴 장난감이 들어 있는 과자나 카드 게임, 만화책 등을 사 와서 집안을 어지럽혀 힘들다는 고민도 자주 듣습니다.

저의 경우, 아이가 초등학생일 때는 '용돈 포인트제도'를 이용했습니다. 용돈을 월별로 주지 않고, 그 대신 주말에 슈퍼에 갈 때 아이가 동반할 경우 한 명당 100포인트를 줍니다. '1포인트 = 1엔'으로 하고,

그 자리에서 100엔까지 좋아하는 과자나 문구를 살 수 있죠. 포인트를 사용하지 않고 모아 두고 싶다면, 그것도 자유입니다. 최신 포인트 상황은 주방의 메모보드 등 가족이 볼 수 있는 장소에 써 둡니다. 여담이지만, 형제자매들끼리 함께 해보면 사용 방법이나 모으는 방법에서 성격이 나와서 굉장히 재미있답니다.

용돈 포인트제도의 장점은 100엔의 사용도를 아이 자신이 진지하게 생각할 수 있다는 점에 있습니다. 지금 먹고 싶은 과자를 그 자리에서 살지, 갖고 싶은 장난감을 사기 위해 참고 모아둘지, 아이에게는 중

대한 문제입니다. 그것을 스스로 정해야 하죠.

용돈 포인트제도는 '마시멜로 실험'에서 착안했습니다. 스탠퍼드대학교의 심리학자 월터 미셸은 네 살배기 꼬마들에게 부드럽고 달콤한 마시멜로 과자 한 개씩을 앞에 내놓았습니다. 그리고 "지금 먹으면 한 개를 먹을 수 있지만, 선생님이 돌아올 때까지 먹지 않고 있으면 두 개를 줄게"라고 말하고 자리를 떴습니다. 그가 돌아왔을 때 아이 중에서 3분의 1은 과자를 먹어치웠고, 3분의 2는 보상을 기다리며 참았습니다.

월터 미셸은 10년 후 십 대가 된 아이들을 다시 만났습니다. 마시멜로를 먹지 않고 참은 아이일수록 가정이나 학교 등 삶 전반에서 참지 못한 아이들보다 훨씬 우수했고, 대학입학 시험(SAT)에서는 또래들에 비해 뛰어난 성취도를 보였습니다. 이것이 유명한 마시멜로 실험입니다. **월터 미셸은 더 큰 만족을 위해 지금의 욕구를 참아내는 능력을 '만족지연력'이라 정의했습니다. 어릴 때의 만족지연력은 어른이 되었을 때 삶의 질을 결정해준다고 합니다.** 용돈 포인트제도는 아이의 만족지연력을 향상시키는 훈련의 하나로

볼 수 있습니다.

저학년일 때는 장난감이 붙어 있는 과자나 캐릭터 상품 등을 많이 갖고 싶어 합니다. 사고 나서 얼마 못 가 여기저기 널브러져 있는 장난감을 가리키며 "100포인트가 굴러다니네"라고 말하면, '괜히 샀네'라고 아이 나름대로 깨닫는 기회가 되기도 합니다.

용돈 관리를 통해 마음의 소리를 듣는 훈련을 한다!

용돈 쓰는 법은 언뜻 보면 정리정돈과는 아무 관계가 없는 것처럼 보이지만, 사실 커다란 관련이 있습니다.

돈을 내고 물건을 손에 넣었을 때, 가장 중요한 것은 무엇일까요? 그것은 자신이 무엇을 원했는지를 확인하는 것입니다. 증정품이나 부록에 현혹되지 않고, 자신이 정말로 원하는 것, 필요한 것을 인식해서 샀을 때 만족할만한 소비가 됩니다. 필요 없는 물건을 사지 않는 것은 정리정돈의 중요한 첫걸음입니다.

용돈 포인트제도는 저학년이라도 가능한 훈련법 중 하나입니다. 자신의 머리로 생각하고, 정말로 원하는 물건을 찾아낼 수 있게 되는 것은 '물건'을 선택할 때 도움되는 정도로 그치지 않습니다. 물건을 현명하게 사는 일에 능숙해지면, 장래 자신의 진로를 생각하거나 소중히 여기는 대상을 자각하는 등 자신의 생각을 정리하고 내면의 소리를 듣는 일, 이 전부를 잘하게 됩니다.

살아가면서 외풍에 휩쓸리지 않고 중심을 지키려면, 마음의 소리를 듣고 결단을 내릴 수 있어야 합니다. 내면의 소리에 귀 기울일 줄 아는 삶이야말로, 스스로의 인생에 주인이 되는 삶입니다.

아직 마땅한 용돈 제도가 없다면 아이에게 한 번 "용돈 포인트제 해보지 않을래?"라고 제안해 보시는 것은 어떨까요?

돈이 모이는 지갑 관리법

재테크 전문가 가메다 준이치로는『부자들은 왜 장지갑을 쓸까』라는 책에서 부자들의 지갑 사용법에는 몇 가지 공통점이 있다고 이야기합니다. 부자들은 돈을 펴서 넣을 수 있는 기다란 장지갑을 사용하고 동전지갑은 따로 둔다고 합니다. 그리고 지갑은 얇게 유지하고, 영수증과 쿠폰은 확인한 후 수시로 버리고, 신용카드는 꼭 필요한 만큼만 들고 다닌다고 합니다. 반대로 돈이 새는 지갑은 정리가 안 된 복잡한 지갑입니다. 이런 지갑의 특징은 카드, 쿠폰 등이 많이 들어있고 지폐와 영수증이 뒤섞여 있어 돈이 얼마나 들어 있는지 쉽게 파악할 수 없습니다.

가메다 준이치로는 지갑 주인의 돈을 대하는 태도가 돈을 끌어당기거나 밀어내며 생활 태도까지 바꿔 결국 수입에 영향을 미친다고 말합니다. 오랫동안 정리 컨설턴트 일을 해

온 저로서는 그의 이야기에 고개가 끄덕여

집니다.

지갑을 보면 지갑 주인의 돈을
대하는 태도를 알 수 있다.

"현재 지갑에 얼마가 들어있나요?"라고

말하면 우물쭈물하며 대답하지 못하는 사

람들이 많습니다. 자신의 재정 상태를 제

대로 파악하지 못하고 있다는 증거이지요. 그렇게 대답하는 사람들의

지갑은 대체로 영수증과 지폐, 쿠폰, 카드가 뒤죽박죽되어 있기 마련

입니다. 아이 방을 보면 아이의 머릿속을 알 수 있듯, 지갑을

보면 지갑 주인의 돈을 대하는 태도를 알 수 있는 셈이지

요. 잡동사니로 가득 찬 지갑은 지갑 주인이 돈을 제어하지

못한다는 의미로 해석할 수 있습니다.

아이가 용돈을 받는다면 지갑 관리 방법도 알려주세요.

| 돈이 모이는 지갑 관리법 |

① 지폐와 동전은 따로 보관한다.

② 지폐는 구겨지지 않게 지갑에 반듯하게 펴서 넣고, 큰 금액부터 작은 금액 순으로 정렬한다.

③ 사용하지 않는 포인트카드와 쿠폰은 버리고, 카드는 꼭 필요한 만큼만 넣어둔다.

④ 외출해서 들어오면 지갑에서 영수증을 꺼내 확인하고 버린다. 돈과 영수증, 쿠폰 등이 뒤섞인 상태로 두지 않는다.

⑤ 하루를 마감할 때는 지갑을 확인해 돈이 얼마나 들어 있는지 정확하게 파악한다.

028

요리하며 배우는
시간 관리

평범해 보이는 한 끼에도 다양한 요소를 고려해 조리 순서를 정하고 시간을 안배하는 등 요리하는 사람의 철저한 시간 관리 노하우가 숨어 있습니다. 시간을 어떻게 관리하느냐에 따라 효율성이 즉각 드러나는 요리는 아이와 함께 할 수 있는 가장 좋은 시간 관리 훈련입니다.

시간을 효율적으로 운용하는 방법을 배우는 요리

어른도 잘하기 어려운 시간 관리. 분명히 과제가 있을 텐데 빈둥빈
둥 게임을 하거나 TV를 보며 시간을 보내는 아이를 보고 있으면 '시간
을 좀 더 효율적으로 보내면 좋겠는데……'라는 아쉬움에 엄마도 스
트레스가 쌓이게 됩니다.

이 세상 엄마 중에는 효율적으로 집안일을 하며 시간을 잘 활용하
는 노하우를 자연스럽게 터득한 분들이 많습니다. 하지만 이렇게 터
득한 노하우를 아이에게 잘 전달하는 것은 별개의 문제이지요. 아이
가 시간을 허비하는 듯한 모습을 보게 되면 결국 "숙제 끝내고 나서
TV를 보면 되잖아!"와 같이 잔소리를 하기 마련입니다.

이때야말로 요리를 통해서 시간 관리의 장점을 아이가 실감하게 할
좋은 기회입니다. 요리 과정 전반에 걸쳐서 아이의 도움을 받을 수 있
는 아주 간단한 요리가 좋습니다. 라면이나 볶음밥, 카레라이스, 그라

탱 등 아이가 좋아하는 메뉴를 고르면 동기부여도 훨씬 잘 되기 마련입니다. 아이가 요리 순서를 정리해서 시간을 효율적으로 사용하는 방법을 즐겁게 체험할 수 있게 하는 데 요리의 목적이 있습니다.

　어떻게 요리로 시간 관리를 배운다는 건지 의아하게 생각하실지 모르겠습니다. 일단 저녁을 준비한다고 생각해보세요. 오늘 메뉴는 잡곡밥, 된장국, 생선구이, 연근조림, 달걀말이, 숙주나물입니다. 여섯 가지 음식을 만들려면 계획적으로 움직여야 합니다. 한 가지 음식이 끝나고 다른 음식을 완성해서는 한밤중이 되어야 저녁을 먹게 될 것입니

다. 시간이 오래 걸리는 음식부터 만들기 시작해서 사이사이 다른 음식을 만들고, 재료를 손질하고, 조리대를 치우고 사용한 그릇도 설거지해야 합니다. 멀티태스킹은 필수지요. 평범해 보이는 저녁도 수많은 요소를 종합적으로 고려해 우선순위를 정하고 시간을 안배하는 등 치밀하게 계산한 조리 과정의 산물입니다.

요리를 시작하기 전에 요리 순서도부터 짠다!

재료를 테이블 위에 올려놓고 아이에게 "어떤 순서로 무엇을 하면 좋을까? 가능하면 빨리 완성할 수는 방법을 생각해서 한 번 메모해볼래?"라고 말합니다. 저학년이라면 인스턴트 라면이나 카레 봉지에 표시된 조리 방법과 눈앞의 재료를 비교하면서 요리 순서를 메모하게 해도 좋겠지요.

'아이 스스로 생각해서 쓴다'는 것이 중요하므로, 제발 처음부터 지적하면서 고쳐주려고 하지 마시길 당부드립니다. 아이가 요리 순서를 전부 다 메모하면 요리 선배 입장에서 보다 효율적인 방법을 제안합니다.

"물이 끓을 동안 재료를 썰면 빠르겠네."

"데치는 데 시간이 걸릴 것 같은 채소는 면보다 먼저 냄비에 넣어두자."

이런 초보적인 조언만으로도 충분합니다. 시간 단축을 목표로 행동의 우선순위를 정하는 연습을 할 수 있으면 됩니다. 아이와 엄마, 두 사람이 최단 플랜을 확정하면 그대로 만들어 보세요.

| 아이와 요리하며 시간 관리법을 익히는 과정 |

머릿속에 요리 순서를 떠올리고
필요한 작업을 세분화해서 모두 적는다.

각 작업에 걸리는 예상 시간을 적는다.

요리 순서를 결정한다.

작업 순서와 단계별 예상 시간을 적어 요리 순서도를 만든다.

요리 순서도를 따라 요리한다.

'칼날이 날카로워서 위험한데……'

'뜨거운 물에 재료를 넣다가 손을 데면 어쩌지……'

불안한 마음에 고군분투하고 있는 아이에게 무심코 손을 내밀고 싶어지겠지요. 하지만 가능하면 아이에게 모두 맡기고, 엄마는 지켜보는 역할만 충실히 해주세요. 아이는 지금 공부하는 중이니까요. 작은 손을 섬세하게 움직이며 소근육을 발달시키고, 재료의 양을 측정하며 부피의 개념을 이해하고, 재료를 조리하는 과정에서 물질의 상태 변화를 관찰하는 등 지금 이 순간 아이에게 주방은 교실과 다름없습니다.

시간 관리는 자신을 컨트롤하는 훈련

요리가 완성되면 아이와 함께 먹으면서 "이렇게 하니까 금새 끝나는구나"와 같은 이야기를 나누며, 요리를 복습하는 것도 좋습니다. 요리를 잘하는 아이라면 한층 더 높은 수준의 레시피에 도전하는 계획을 세워도 즐겁겠죠.

시간 관리란 하루를 몇 개의 일과 단위로 쪼개 시간을 분배하는 일입니다. 시간도 물건 정리도 똑같이 우선순위를 정할 수 있습니다. 물건 정리와 시간 관리가 다른 점은 '효율'이라는 요소가 등장한다는 점이죠.

아이가 효율이 좋고 나쁨에 대해서 이해하고, 일정을 어떻게 짜느냐에 따라 시간을 보다 효율적으로 사용할 수 있다는 것을 깨닫게 되면 학습 계획이나 일상의 스케줄을 짜는 방식이 바뀝니다.

시간을 효율적으로 사용하는 노하우는 요리에서나 일상생활에서나 매한가지입니다. 24시간이라는 한정된 시간을 어떻게 사용할지 우선순위를 생각하고 순서를 정리하는 것이 효율 향상으로 연결됩니다. '시간은 어떻게 관리하느냐에 따라 효율성이 달라진다'는 점을 실감할 수 있는 요리야말로, 가장 좋은 시간 관리 훈련인 셈이지요.

029

현명한 부모는 아이에게 '쓸데없는 시간'을 선물한다!

과거 아이들과 요즘 아이들은 생활의 속도와 아이를 에워싸고 있는 정보의 양적 측면에서 전혀 다른 세상을 사는 것처럼 느껴집니다. '효율성'을 중시해서 어른이 일방적으로 밀어붙이는 타이트한 스케줄은 아이의 몸과 마음을 피폐하게 만듭니다. 바쁜 일상 속에 아이가 한 템포 쉬었다 갈 수 있는 오아시스 같은 시간을 만들어주는 것도 부모가 할 일입니다.

정신없이 바쁜 하루에 쉼표를 찍는 '오아시스 시간'

매일 매일 정말 바쁘게 살아가는 지금의 초등학생들. 고학년이 될수록 수업 시간은 길어지는 데다 학교 행사도 너무 많죠. 게다가 방과 후에는 여러 가지 학원에 가야 합니다. 재미있는 일정만 가득하다면 상관없지만, 너무 바쁜 일상이 아이에게 좋은 영향을 끼친다고는 생각되지 않습니다.

"네네, 5분이면 간식 먹고 나갈 거예요."

"빨리빨리 좀 해!!"

"10분만 더 잘게요."

"그러길래 일찍 자라고 했잖아."

시간에 쫓기는 아이를 보면 안쓰럽게 여기다가도 나도 모르게 "진짜 느리네" "제대로 정리를 안 해두니까 맨날 찾게 되잖아!" 등 굳이 하지 않아도 되는 잔소리까지 뱉어 버리고 말죠.

현대인은 생각하는 것 이상으로 시간에 얽매여 있습니다. 물론 시간에 맞춰 행동하면 그것만으로도 왠지 모르게 안심이 됩니다. 자신이 집안일과 회사 일 모두 제대로 해나가고 있는 모범적인 사람이라는 생각도 들지요. 물론 낭비 없이 시간을 최대한 이용하는 것도 중요하지만, 항상 시간에 쫓기는 생활이 얼마나 마음을 피곤하게 하는지 잘 아시잖아요.

특히, 부모가 아이에게 타이트한 스케줄을 강요하는 것은 피해야 합니다. 아이 스스로 '효율성'이나 '시간 관리'를 의식해서 스케줄을 세우는 것은 환영할 일입니다. 하지만 어른이 일방적으로 밀어붙이는 효율성을 중시하는 타이트한 스케줄은 아이의 몸과 마음을 피폐하게 만듭니다.

휴식 없이 달리다 보면 어른들도 번아웃 증후군으로 무기력증과 깊은 우울, 자기혐오의 늪에 빠질 수 있습니다. 이런 폐해를 예방하려면 아이가 좋아하는 것을 하며 한숨 돌리는 시간, 즉 '오아시스 시간'을 부모가 의식적으로 확보해주어야 합니다.

오아시스 시간에는 아이가 맘껏 빈둥거리게 두자!

오아시스 시간은 아이가 자유롭게 사용할 수 있는 시간이며 좋아하는 것을 해도 좋은 시간입니다. "책을 읽는 것은 대환영이지만 만화영화를 보거나 만화책을 읽는 건 곤란해"와 같이 오아시스 시간을 관리하려 하지 마세요.

만화책도 만화영화도 그 내용은 하나부터 열까지 다 다릅니다. 전부를 한꺼번에 싸잡아 "안된다!"라고 말하면, 아이는 오히려 반감이 생깁니다. 때로는 부모도 시간을 내서 아이와 함께 만화영화를 보며 "이 만화영화, 스토리는 꽤 좋구나!"라든가, "엄마가 옛날에 좋아했던 만화책 알려줄게. 너도 한번 읽어보고 어떤지 말해줄래?"와 같이 아이만의 세계를 이해하려는 자세를 가지고 대화를 시도해보세요. 이렇게 접근하면 아이에게 자연스럽게 부모의 가치관을 전할 수도 있습니다.

이와 더불어, '엄마가 나에 대해서 많이 알고 싶어 하는구나'라고 아이가 느낌으로써 부모와 아이의 관계는 더욱 긴밀해집니다. 아이의 비위를 맞출 필요는 없지만, "재미없네!"라고 일축하기 전에 아이 시선에서 생각해보고 판단하는 것이 어른다운 대응일 것입니다.

쓸데없어 보이는 시간이 품은 무한 에너지

언뜻 보아 비슷하지만, 의미가 전혀 다른 두 개의 단어가 있습니다. 바로 공허와 허공입니다. 공허란 '사물의 내용이나 마음의 내부가 텅 비어서 허무한 것'을 의미합니다. 불교 용어인 허공은 아무것도 없는 공간입니다. 불교에서는 허공이 모든 사물을 포용해서 그 존재를 방해하지 않는 특성이 있다고 봅니다(『코지엔(일본어사전) 제5판』에서 인용).

쉽게 말해 공허란 아무것도 없이 텅 비어서 허무한 것이고, 허공은 아무것도 없는 것처럼 보이지만 실제로는 모든 것을 만들어내는 에너지로 가득한 공간이라고 할 수 있습니다.

오아시스 시간처럼 언뜻 보면 '쓸데없는 것처럼 보이는 시간'은 공허가 아닌, 허공입니다. 서점에 서서 책을 훑어보다가 몰랐던 분야의 책을 발견하거나, 귀갓길에 길가에서 노닥거리거나 친한 친구들과 비밀 얘기를 하는 등 옛날부터 있었던 그런 쓸데없어 보이는 시간이 아이의 마음을 평온하게 해줍니다.

뇌과학자들의 연구에 따르면 뇌는 집중력을 요구하는 작업을 수행할 때가 아니라 오히려 휴식할 때 활성화된다고 합니다. 그래서 쉬고 있을 때 창조성이 더 발현되어 의외의 아이디어나 새로운 것을 고안해낼 수 있게 됩니다. 충분한 휴식을 취했을 때 학습능력도 향상됩니다.

뇌과학자들의 연구에 따르면 뇌는 집중력을 요구하는 작업을 수행할 때가 아니라 오히려 휴식할 때 활성화된다고 한다.

쓸데없어 보이는 시간은 천천히 숙성되어 훗날 그 효과를 발휘합니다. 부모님은 어렸을 때 어떤 시간이 즐거웠고, 무엇을 할 때 기뻤나요? 가끔 자신의 어린 시절을 떠올려보면서 아이의 하루에 '빈둥댈 수 있는 시간'을 선물하세요.

저는 가끔 『어린왕자』의 머리말에 나오는 "어른들은 누구나 처음엔 어린아이였지. 허나 그걸 기억하는 어른은 별로 없어"라는 문장을 떠올립니다. 어린이였던 것을 기억하고 있는 어른이 자신의 편이 되어준다는 것을, 아이는 직감적으로 알고 있습니다.

머리가 좋아지는 정리정돈법

초판 1쇄 발행 | 2017년 3월 20일

지은이 | 오오노리 마미
옮긴이 | 윤지희
펴낸이 | 이원범
기획 · 편집 | 김은숙
마케팅 | 안오영
표지 및 본문 디자인 | 강선욱

펴낸곳 | 어바웃어북 about a book
출판등록 | 2010년 12월 24일 제2010-000377호
주소 | 서울시 마포구 서교동 394-25 동양한강트레벨 1507호
전화 | (편집팀) 070-4232-6071 (영업팀) 070-4233-6070
팩스 | 02-335-6078

ⓒ 오오노리 마미, 2017

ISBN | 979-11-87150-19-0   03370